W0196139

LITTLE BLACK BOOK

VOM

RUM

Sonne, Strand und Palmen im Glas

ARNO GÄNSMANTEL

ILLUSTRIERT VON KERREN BARBAS

WILEY

**Bibliografische Information
der Deutschen Nationalbibliothek**

Die Deutsche Nationalbibliothek verzeichnet diese
Publikation in der Deutschen Nationalbibliografie;
detaillierte bibliografische Daten sind im Internet über
<http://dnb.d-nb.de> abrufbar.

1. Auflage 2016

Printed in Hong Kong

Gedruckt auf säurefreiem Papier

Umschlaggestaltung: Christian Kalkert Buchkunst
und Illustration, Birken-Honigsessen
Satz: Kühn & Weyh, Satz und Medien, Freiburg
Druck und Bindung: Regal Printing Limited, Hong Kong

Print ISBN: 978-3-527-50867-9

ePub ISBN: 978-3-527-80180-0

mobi ISBN: 978-3-527-80179-4

LITTLE BLACK BOOK

VOM

RUM

Inhaltsverzeichnis

Allgemeines und Wissenswertes zur karibischen Köstlichkeit

WIESO HEISST RUM ÜBERHAUPT RUM?

Starten wir doch an dieser Stelle ganz am Anfang. Rum – woher kommt eigentlich dieser Name?

Dazu gibt es verschiedene Theorien, weswegen es gar nicht so eindeutig zu sagen ist. Die wahrscheinlichste Theorie ist die Ableitung von dem englischen Begriff „rumbullion" das mit Tumult, Aufruhr und Krawall übersetzt wird. Der Zusammenhang besteht darin, dass es früher nach reichlichem Alkoholgenuss oft zu Schlägereien und Tumulten gekommen ist und, wenn wir ehrlich sind, auch heute noch kommen kann.

DIE SCHREIBWEISE VON RUM

Soweit zum Namen. Aber auch bei der Schreibweise kann man Verschiedenes finden. Je nach Sprache des Herkunftslandes unterscheidet sich nämlich die Schreibweise von Rum. Rum kommt ursprünglich insbesondere von den Inseln der Karibik – dazu gleich mehr im Abschnitt zur Geschichte. Auf den Inseln, die von den Engländern/Briten besetzt waren, findet man die

Schreibweise Rum. Auf den französischen Inseln schreibt man Rhum. Die Spanier und Portugiesen verwenden die Bezeichnung Ron.

Damit Sie nicht durcheinanderkommen und in diesem Buch nicht immer zwischen den Schreibweisen gewechselt werden muss, wird daher im Folgenden durchgängig die Schreibweise Rum verwendet – außer bei Eigennamen.

DIE GESCHICHTE DES RUMS

Aber kommen wir nun zur Geschichte: Leider gibt es in Verbindung mit Rum nicht nur glorreiche Kapitel der Geschichte. Die Kolonialisierung mit der Sklavenkultur, die Schifffahrt und die Piraterie, Kriege und Eroberung um Macht und Reichtümer. Alles keine Ruhmesblätter für die Geschichte der Menschheit und des Rums.

Begonnen hat alles mit Kolumbus, der 1493 von seiner zweiten Reise Zuckerrohr mitbrachte, das auf der Insel Hispaniola angepflanzt wurde. Die Insel Hispaniola teilen sich heute Haiti und die Dominikanische Republik.

Die Zuckerrohrplantagen breiteten sich auf die ganze Karibik aus und der Zucker wurde in den

Heimatländern der Kolonien ein immer stärker nachgefragtes Süßungsmittel.

Der Anbau und insbesondere die Ernte des Zuckerrohrs war in dem tropischen Klima mit seiner großen Wärme und hohen Luftfeuchtigkeit eine extreme Anstrengung. Damit die Produktion von Zucker möglichst kostengünstig war, wurden in großem Stil Menschen aus Afrika verschleppt und als Sklaven für den Zuckerrohranbau und die Zuckerproduktion eingesetzt. Durch die harte Arbeit, das Klima und die schlechte Behandlung der Sklaven benötigten die Kolonien ständig Nachschub an Sklaven. Für die stetige Zufuhr von Sklaven wurde eine Dreiecksroute für die Schifffahrt eingerichtet. Die Schiffe wurden in ihren Heimathäfen mit Handwerkszeug und einfachen Tauschobjekten beladen und fuhren dann an die afrikanische Küste. Die geladenen Artikel wurden dort gegen Sklaven getauscht. Die Sklaven wurden wie irgendeine Ware behandelt und in die Karibik verfrachtet. Dort wurden die Sklaven an die Plantagenbesitzer verkauft. Für die Rückreise in die Heimatländer wurde Zucker und Rum verladen. Nach der Ankunft in den Mutterländern der Kolonien begann das ganze Prozedere wieder von vorne.

Größere Mengen Rum wurden erst im achtzehnten Jahrhundert produziert. Man erkannte, dass sich die Gewinne mit der Produktion von Rum aus  dem Abfallprodukt Melasse stark steigern lassen. Diese Brände der Anfangszeit müssen schrecklich brandig, scharf und bitter geschmeckt haben. Dies änderte sich erst mit dem besseren Wissen über die alkoholische Destillation.

RUM UND DIE SCHIFFFAHRT

Unter den Klimabedingungen in der Karibik war es ein großes Problem Nahrungsmittel für einen langen Aufenthalt auf einem Schiff haltbar zu machen. Selbst Wasser kann unter diesen Bedingungen anfangen zu faulen. Berüchtigt zu dieser Zeit war Skorbut, eine Krankheit aufgrund von Vitamin-C-Mangel. Weiterhin wurden Verletzungen von Unfällen oder Kämpfen herrührend mit Alkohol desinfiziert und der Schmerz damit bekämpft.

Bier und Wein hatte nicht genügend Alkohol, um haltbar zu sein. Das Bier fault ebenfalls und beim Wein wird durch Bakterien der Alkohol zu Essig umgewandelt. Destillate sind durch den hohen Alkoholgehalt haltbar und benötigen aufgrund ihrer Konzentration weniger Lagerplatz. Somit gehörte zur Heuer die tägliche Ration Rum für die Soldaten der Marine. Die Royal Navy hat sogar erst 1970 offiziell die Verteilung der täglichen Ration Rum eingestellt.

ZUCKERKRISEN

Im Laufe der Jahrhunderte gab es immer wieder Probleme beim Zuckerabsatz. Von der großen Anzahl der Zuckerfabriken in der Karibik hat nur ein sehr kleiner Anteil überlebt. Auf vielen Inseln gibt es nur noch zwei oder drei Brennereien. Einige haben keine eigenen Plantagen und keine Zuckerfabrik, sondern müssen das Zuckerrohr bei unabhängigen Anbauern oder Melasse von Zuckerfabriken kaufen.

Politische, wirtschaftliche Probleme und auch der Ersatz von Rohrzucker durch Rübenzucker und der damit sinkenden Nachfrage und Preise hat die Zuckerindustrie tief getroffen.

Der Markenaufbau der Brennereien

Die Produktion des Rums in den Brennereien endete früher mit der Reifung in Holzfässern. Der Rum wurde in Fässern in die Verbraucherländer exportiert. Das Blenden und Abfüllen erfolgte deshalb nicht in den Brennereien. Die Abfüller konnten somit in den Märkten eigene Marken aufbauen. Dadurch entstand keine Bindung an die Brennereien und auch keine Markenbildung einer Brennerei. Die Abfüller konnten die Brennereien beliebig austauschen, solange der Geschmack des Rums erhalten blieb. Somit blieben die Rumerzeuger austauschbare Lieferanten für die Grundrums einer Marke. Dies machte sich besonders in Krisenzeiten bemerkbar. Da die Grundrums austauschbar waren, entschieden sich die Abfüller für den günstigen Anbieter. Somit blieb den Brennereien nur die Möglichkeit zu wählen, ob sie weiterhin möglichst günstig große Mengen von namenlosem Rum für die Abfüller anbieten oder versuchen, mit Originalabfüllungen einen nachhaltigen Markencharakter bei den Kunden zu etablieren. Heute zeigt sich, dass der Markenaufbau einigen Destillerien erfolgreich gelungen ist.

RUM IN DEUTSCHLAND

Rum war in Deutschland in der Vergangenheit eine vernachlässigte Spirituose. Bei vielen in der Vorstellung maximal geeignet für Grog, Rumtopf, Feuerzangenbowle und Cocktails, kam ein Genuss pur als hochwertige Spirituose nicht infrage.

Dafür gibt es historisch gesehen mindestens zwei Gründe. Erstens hatte Deutschland im Gegensatz zu den Kolonialmächten England, Spanien und Portugal keine Kolonie in der Karibik und somit keinen direkten Zugang zu Rohrzucker und Rum. Weiterhin wurde zu früheren Zeiten der Rum-Markt in Deutschland von den großen Rumhäusern beherrscht. Diese Häuser kauften Rums in der Karibik und blendeten diese miteinander und verkauften die Blends unter ihrem eigenen Markennamen. Dies waren aber in den seltensten Fällen hochwertige Rums zum puren Genuss, zum Beispiel als Digestif. Die verbreitete Erzeugung von Rum-Verschnitt – eine deutsche Besonderheit, auf die später im Buch noch eingegangen wird – hat dem Ruf des Rums ebenfalls sehr geschadet.

Insgesamt ist der Rumverbrauch in Deutschland relativ hoch. Der Rumkonsum ist innerhalb Deutschland sehr unterschiedlich. Besonders im

Norden Deutschlands hat sich historisch wegen der dortigen Nähe zum Meer und der Häfen eine eigene Rumkultur mit Grog sowie Tee mit Rum entwickelt.

Dabei dominiert in Deutschland vor allem der braune Rum mit einem Absatzanteil von über 70 %. Trotzdem wird der größte Teil des Rums in Deutschland nicht pur zum Beispiel als Digestif getrunken. Er wird vor allem als Bestandteil von Cocktails oder Punschs genutzt, als Grog mit Wasser verdünnt oder im Tee getrunken sowie als Grundlage für Rumtopf verwendet. In den siebziger Jahren des vorherigen Jahrhunderts war Rum die Grundlage für das damalige Kultgetränk Feuerzangenbowle – heute ist die Feuerzangenbowle aus der Mode gekommen.

WAS IST RUM – DIE OFFIZIELLE DEFINITION

Die Vorschriften was ein Rum ist und die Vorschrift der Etikettangaben sind weltweit sehr unterschiedlich geregelt. Dies macht die Beurteilung der einzelnen Angaben auf dem Etikett, zum Beispiel zum Alter des Rums, sehr schwierig.

Innerhalb der Europäischen Gemeinschaft ist die Spirituose Rum in der „VERORDNUNG (EG) Nr. 110/2008 DES EUROPÄISCHEN PARLAMENTS UND DES RATES vom 15. Januar 2008 zur Begriffsbestimmung, Bezeichnung, Aufmachung und Etikettierung von Spirituosen sowie zum Schutz geografischer Angaben für Spirituosen und zur Aufhebung der Verordnung (EWG) Nr. 1576/89" geregelt.

Der Text der Verordnung für Rum lautet

a) Rum ist

  i) eine Spirituose, die ausschließlich durch alkoholische Gärung und Destillation von aus der Herstellung von Rohrzucker stammender Melasse oder Sirup oder vom Saft des Zuckerrohrs selbst gewonnen und zu weniger als 96 % vol so destilliert wird, dass das Destillat in wahrnehmbarem Maße die besonderen sensorischen Eigenschaften von Rum aufweist, oder

  ii) eine Spirituose, die ausschließlich durch alkoholische Gärung und Destillation von Saft aus Zuckerrohr gewonnen wird und die aromatischen Merkmale von Rum

sowie einen Gehalt an flüchtigen Bestand-
teilen von mindestens 225 g/hl r. A. auf-
weist. Diese Spirituose kann mit dem Zusatz
„landwirtschaftlicher" zu der Verkehrsbe-
zeichnung „Rum" in Verbindung mit den in
Anhang III eingetragenen geografischen
Angaben der französischen überseeischen
Departements und der Autonomen Region
Madeira in Verkehr gebracht werden.

Der erste Teil beschreibt die Zutaten von Rum allgemein. Es darf für Rum nur Zuckerrohr entweder als Melasse, Zuckerrohrsirup oder Zuckerrohrsaft verwendet werden. Der zweite Teil beschäftigt sich mit dem speziellen Rum-Typ Rhum agricole. Dieser Rum darf nur aus Zuckerrohrsaft hergestellt und werden und aus Gebieten der französischen überseeischen Departements oder aus Madeira kommen. Der Anteil von Rhum agricole macht weniger als 5 % der Gesamtproduktion an Rum aus

b) *Der Mindestalkoholgehalt von Rum beträgt 37,5 % vol.*

Somit ist der Mindestalkohol zum Beispiel 2,5 Prozentpunkte niedriger als beim Whisky. Dort beträgt der Mindestalkohol 40 Volumenprozent.

c) *Der Zusatz von Alkohol, ob verdünnt oder unverdünnt, gemäß der Begriffsbestimmung in Anhang I Nummer 5 ist nicht zulässig.*

d) *Rum darf nicht aromatisiert werden*

Wenn Rum mit Gewürzen, Früchten oder weiteren Zutaten aromatisiert wird, handelt es sich nicht mehr um Rum, sondern um einen Likör auf Rumbasis.

e) *Rum darf nur zugesetzte Zuckerkulör zur Anpassung der Farbe enthalten.*

Wie bei Whisky ist die Färbung durch Zuckerkulör erlaubt. Dies erlaubt eine gleichmäßige Färbung von verschiedenen Batches (Abfüllungen) eines Markenrums. Der heute gekaufte Rum soll optisch genauso aussehen wie der vor 2 Jahren gekaufte. Dies wäre ohne Einfärbung nicht sicherzustellen. Auf der anderen Seite kann mit Farbstoff eine längere Fasslagerung als tatsächlich vorhanden vorgetäuscht werden. Wenn Zuckerkulör verwendet wurde, so ist die Nennung als Färbemittel auf dem Etikett in Deutschland Pflicht.

Interessant ist der Vergleich der Punkte d) + e) mit den Vorschriften für Whisky:

Whisky oder Whiskey darf weder gesüßt noch aromatisiert werden oder andere Zusätze als zur Färbung verwendete einfache Zuckerkulör enthalten.

Dabei stellt man fest, dass Whisky ausdrücklich die Süßung ausschließt. Da dieser Hinweis bei Rum fehlt, **darf Rum gesüßt** werden.

Der letzte Absatz (f) beschäftigt sich damit, unter welchen Umständen der Begriff traditionell verwendet werden darf

f) Die Angabe „traditionnel" kann jede der geografischen Angaben gemäß Anhang III Kategorie 1 ergänzen, wenn der Rum nach alkoholischer Gärung von Ausgangsstoffen, die ausschließlich aus dem betreffenden Herstellungsort stammen, zu weniger als 90 % vol destilliert wird. Der Rum muss einen Gehalt an flüchtigen Bestandteilen von mindestens 225 g/hl r. A. aufweisen und darf nicht gesüßt sein. Die Verwendung der Angabe „traditionnel" schließt die Verwendung der Begriffe „aus der Zuckerherstellung" oder „landwirtschaftlich", mit denen die Verkehrsbezeichnung „Rum" und die geografischen Angaben ebenfalls ergänzt werden können, nicht aus.

Diese Bestimmung lässt die Verwendung der Angabe „traditionnel" für alle Erzeugnisse, die nicht unter diese Bestimmung fallen, nach den für diese Erzeugnisse geltenden Kriterien unberührt.

Abschließend ist **keine Mindestlagerzeit** oder eine spezielle Reifung in einem Holzfass vorgeschrieben, um eine Spirituose Rum nennen zu dürfen.

ABGRENZUNG ZU CACHACA

Die brasilianische Spirituose ist ebenfalls aus Zuckerrohrsaft hergestellt. Cachaca wird entweder aus frischem Zuckerrohrsaft oder Zuckerrohrsirup hergestellt. Melasse wird für Cachaca nicht verwendet.

Im Gegensatz zu Rum wird Cachaca nicht pur getrunken, sondern nur in Mixgetränken verwendet. Viele Cachaca-Erzeuger verwenden als Starthilfe für Vergärung Maismehl. Diese Startunterstützung benötigen die Rumproduzenten nicht, da sie spezielle meist eigene Hefestämme für die Vergärung der Maische einsetzen, während bei Cachaca meist auf Spontanvergärung gesetzt wird. Das bedeutet, man setzt keine Hefe der Maische zu, sondern überlässt die Gärung der natürlichen Hefe, die in der Umwelt vorkommt.

ABGRENZUNG ZU INLÄNDER

Entgegen der Meinung vieler handelt es sich bei dem Inländer, der oft auch als Inländer-Rum bezeichnet wird, nicht um einen Rum. Traditionell kommt der Inländer aus Österreich. Da Österreich keine Kolonien besaß und in Österreich auch kein Zuckeranbau möglich ist, wurde der Inländer als Rum-Ersatz im neunzehnten Jahrhundert erfunden. Dafür wurde aus Ethanol, Wasser, Aromastoffen und Farbstoff ein rumähnliches Getränk gemischt. Seit 1999 muss nach einer Vorschrift der Europäischen Gemeinschaft der Alkohol für den Inländer aus Zuckerrohr gebrannt sein. Die bekannteste Firma für Inländer ist Stroh. Aus diesem Grund wurde der Inländer der Firma Stroh auch als Stroh-Rum bezeichnet. Für den österreichischen Jägertee (in Österreich Jagertee) muss als Alkohol Inländer verwendet werden. Aus diesem Grund gibt es den Inländer mit bis zu achtzig Volumenprozent Alkohol.

ARTEN VON RUM

Es gibt verschiedene Möglichkeiten Rum zu katalogisieren. Dies kann geschehen nach Herkunft, verwendetem Ausgangsstoff, Destillationsart, Art und Dauer der Lagerzeit oder einer Mischung von mehreren der vorgenannten Kriterien.

Leider gibt es keine Einteilung oder einheitlichen Begriffe für die verschiedenen Rums der
Welt. Die Klassifizierung nach Lagerzeit ist innerhalb der Rumregionen sehr unterschiedlich. Dies
gilt ebenso für die Vorschriften oder das Verbot
des Süßens. Dies ist ein eindeutiger Nachteil des
Rums gegenüber Whisky, denn es macht für die
Verbraucher die Welt der Rums und das Verstehen
der Angaben auf den Etiketten viel schwieriger.

Einteilung nach Farben

Weißer Rum: Der Name deutet schon darauf hin.
Dieser Rum ist nicht oder wenig in Holzfässern
gelagert. Dadurch bleibt die helle Farbe erhalten.
Diese Rums sind jung, meist nicht älter als 1 Jahr
und von ihrer Struktur leicht und frisch. Die
Bezeichnung „leicht" bezieht sich nicht auf den
Alkohol. Der Alkoholgehalt muss ebenfalls mindestens die vorgeschriebenen 37,5 Volumenprozent erreichen oder diese sogar, wie der bekannte
weiße Rum Wray & Nephews Overproof, abgefüllt mit über 60 Volumenprozent, überschreiten.
Leicht bedeutet in diesem Zusammenhang, dass
der Körper aufgrund der wenigen Ester leicht und
die Viskosität eher gering ist. Weiße Rums sind

meist Grundlage von Cocktails, zum Beispiel Cuba Libre, und werden  selten pur getrunken. Bei manchen weißen Rums wurde die Färbung, die bei längerer Lagerung entsteht, durch Kohlefiltration wieder entfärbt. Im französischen Sprachgebrauch wird als Synonym für weißen Rum Grappe blanche verwendet.

Golden Rum: Die goldene, hell-goldene Bernsteinfarbe kommt von einer zwar länger als beim weißen aber immer noch kurzen Holzfasslagerung. Auch diese Rums sind eher leichten Typs, aber schon mit schmeckbaren Esteranteilen und Fassgeschmack. Oft sind diese Rums auch mit Zucker abgerundet und mild im Geschmack. Der Vollständigkeit halber sei erwähnt, dass die goldene Farbe auch durch die Färbung mit Zuckerkulör unterstützt werden darf. Diese Rums sind grundsätzlich sowohl für Cocktails als auch für den puren Genuss geeignet. Ein gelungenes Beispiel für einen goldenen Rum ist der Angostura 1919. Die außergewöhnliche Milde wird hierbei wahrscheinlich durch den Zusatz von Zucker unterstützt.

Dunkler (brauner) Rum: Durch die Lagerung in Holzfässer nimmt der Rum Farbe aus dem Holz auf. Die Intensität der Farbe ist nicht nur abhängig von der Lagerzeit, sondern auch davon, wie oft die Fässer schon in Benutzung waren, was eventuell vorher in den Fässern gelagert wurde (unter anderem Bourbon Whiskey oder Sherry) und welche Größe das Fass hat. Zu beachten ist, dass die Farbe auch durch Zuckerkulör verstärkt sein kann. Diese Rums sind, insbesondere natürlich wenn sie gut gereift sind, für den puren Genuss geeignet.

Rum Typen im deutschsprachigen Raum

Original Rum: Der Original Rum wird im Herkunftsland abgefüllt und im Verkaufsland nicht mehr aufbereitet und verdünnt.

Echter Rum: Der Echte Rum wird mit hohem Alkoholgehalt importiert und in den Verbrauchsländern aufbereitet, verdünnt und in Flaschen abgefüllt. Echter Rum darf maximal 56 Volumenprozente Alkohol enthalten.

Flensburger Rum Verschnitt: Die Bezeichnung Rum Verschnitt ist etwas irreführend. Hierbei handelt es sich keineswegs um einen Blend von verschiedenen Rums, sondern um einen Verschnitt von Echtem Rum mit Neutralalkohol und Wasser. Der Rumanteil muss nur mindestens fünf Prozent groß sein. Damit dieses Gemisch nach Rum schmeckt, werden für die Mischung hocharomatische, Ester reiche Rums verwendet, die pur nicht trinkbar wären. Der Flensburger Rum Verschnitt wurde aufgrund des hohen Einfuhrzolls von Überseerum eingeführt und ist eine deutsche Sonderregelung. Da viele Verbraucher den Rum Verschnitt – auch aufgrund der Verwendung von dem Wort Rum im Namen – als vollwertigen Rum verstehen, ist diese Kategorie nicht geeignet den Ruf als Qualitätsspirituose im Empfinden der Verbraucher zu stärken.

ALTERSSTUFEN BEI RHUM AGRICOLE

Die AOC für die französischen Überseegebiete sieht folgende Einteilung der Alterstufen vor.

Als Lagerzeit zählt nur die Zeit im Holzfass. In der Flasche findet keine Reifung mehr statt.

Die Einteilung erfolgt analog den französischen Bränden Cognac und Armagnac:

- VS: mindestens 3 Jahre in Holzfässer gelagert
- VSOP: mindestens 4 Jahre im Holzfass gelagert
- XO: mindestens 6 Jahre im Holzfass gelagert

Auf manchen Etiketten sind die Buchstaben durch Punkte getrennt zum Beispiel V.S.O.P. oder auch X.O.

Bei der Bezeichnung X.O. – X.O. steht für extra old – ist zu beachten, dass diese nicht nur für Rhum agricole verwendet wird, sondern auch für andere Rums traditionnel. Bei nicht Rhume agricole gibt es keine Vorschrift ab welchem Alter diese als XO bezeichnet werden dürfen. Als Beispiel sei hier der Mount Gay Rum XO aus Barbados genannt.

Einteilung nach der Verfügbarkeit

Sogenannte Markenrums sind jederzeit erhältlich. Diese haben durchgängig den gleichen Geschmack und Qualität. Dies wird durch das Verschneiden von einzelnen Rums erreicht, so dass durchgängig alle Abfüllungen gleich schmecken. Damit alle Abfüllungen einer Marke auch optisch gleich aussehen, werden die Rums, vor der Abfüllung in Flaschen, einheitlich mit Zuckerkulör eingefärbt. Von diesen Markenrums wird eine sehr große Anzahl von Flaschen abgefüllt und vermarktet.

Im Gegensatz dazu stehen die limitierten Abfüllungen. Das können Abfüllungen für einen besonderen Anlass sein oder aber die Abfüllung eines besonders gelungenen Einzelfasses, das als Single Cask abgefüllt wird. Diese limitierten Abfüllungen stehen dann nur eine begrenzte Zeit zur Verfügung – je nach Nachfrage und Anzahl der Flaschen. Eine spezielle Limitierung ist eine sogenannte Single Cask Abfüllung. Für diese Abfüllungen wird dann nur ein bestimmtes Fass verwendet. Je nach Fassgröße, Verdunstung sowie Verdünnung ergibt ein Fass eine dreistellige Anzahl von Flaschen. Die Single-Cask-Eigenschaft ist aber kein Qualitätskriterium, da es sowohl ausgezeichnete, gute als auch weniger gute Fässer als Single-Cask-Abfüllung gibt. Somit kann der Genuss einer Single-Cask-Abfüllung sowohl ein wunderbares Erlebnis als auch eine große Enttäuschung sein. Eine Single-Cask-Abfüllung zeigt aber immer die Eigenschaften des abgefüllten Fasses und ist damit immer indivi-

duell – oft natürlich auch mit Ecken und Kanten. Da ein Fass ein Naturprodukt aus Holz ist, sind die Eigenschaften jedes einzelnen Fasses unterschiedlich und daraus folgend ist auch der Rum aus jedem Fass unterschiedlich. Diese Individualität geht

bei einem Verschneiden von mehreren Fässern
verloren und die Ecken und Kanten der einzelnen
Fässer werden geglättet.

EINTEILUNG NACH DEM ABFÜLLER

Prinzipiell gibt es zwei unterschiedliche Arten von
Abfüllungen nämlich die Orignalabfüllungen und
die Abfüllungen von unabhängigen Abfüllern.
Die Originalabfüllungen werden von der Brennerei selbst abgefüllt. Dabei spielt es keine Rolle, ob
diese Rums limitierte oder nicht limitierte Abfüllungen sind. Entscheidend ist nur, wer die Abfüllung vornimmt.

Traditionell gab es früher in Europa wenig Originalabfüllungen, sondern Abfüllungen der heute
sogenannten unabhängigen Abfüller. Diese unabhängigen Abfüller kaufen Rum in Fässern und füllen diesen unter ihrem eigenen Markennamen ab.
Die Reifung der Fässer kann sowohl im Herstellungsland als auch im eigenen Lager in der Heimat des unabhängigen Abfüllers erfolgen. Bei
Plantation, eine Marke aus Frankreich vom
Cognac-Haus Ferrand, werden die Fässer in der
Karibik gelagert und dann noch – wenige Mona-
ten bis zu eineinhalb Jahren – in den Kellern des

Cognac-Hauses vor der Abfüllung gelagert. Je nach unabhängigem Abfüller und Marke können neben dem Namen der Marke auch die Herkunftsregion, das Herkunftsland oder spezieller auch die Destille und der Fasstyp auf dem Etikett angegeben werden.

In den letzten Jahren haben auch verstärkt Abfüller aus dem Whiskymarkt Rums abgefüllt. Diese Abfüllungen sind oft Single Casks, bei denen meist die Brennerei und weitere Daten wie Destillationsdatum, Abfülldatum, Fasstyp auf dem Etikett explizit aufgezählt sind. Viele dieser Abfüllungen werden auch in Fassstärke in die Flasche gefüllt.

Nach dem Alkoholgehalt

Viele Rums werden vor der Abfüllung auf die sogenannte Trinkstärke von 37,5 bis 43 Volumenprozent verdünnt. Daneben gibt es aber auch Abfüllungen in Fassstärke. Diese werden ohne Verdünnung abgefüllt.

Viel benutzt im Rumbereich sind aber auch die Bezeichnungen Overproof oder auch Navy Cask Strength.

Im angelsächsischen Raum wurde früher der Alkoholgehalt in Proof angegeben. Dabei gibt es in Amerika und Großbritannien unterschiedliche Proof-Einheiten. In Amerika entsprachen zwei Proof einem Anteil von einem Prozent Alkohol und somit waren 100 Proof fünfzig Prozent Alkohol. In Großbritannien entsprachen hundert Proof 57,15 Prozent Alkohol. Um den Alkoholgehalt zu testen und sicherzustellen, dass die Seemänner keinen verdünnten Rum als tägliche Ration bekamen, bedienten sie sich einer einfachen Prüfung. Ein Schluck Rum wurde mit einer Schöpfkelle dem Fass entnommen und mit Schießpulver vermengt. Wenn das Gemisch mit einer blauen Flamme brannte war der Rum geprüft und war hundert Prozent Proof. Dies ist genau bei 57,15 Prozent Alkohol der Fall. Brannte er mit gelber Flamme war der Alkoholgehalt höher als 100 Proof und somit Overproof. Wenn das Gemisch sich nicht entzündete und nicht brannte war es unter der Proof-Marke. Noch heute werden viele alkoholstarken Rums als Overproof bezeichnet.

EINTEILUNG NACH HERKUNFT DES RUMSTILS

Die unterschiedlichen Rumstile kommen aus unterschiedlichen Regionen. Abhängig ist der jeweilige Stil von den herrschenden Kolonialmächten. Mehrheitlich hat sich die Einteilung in drei unterschiedliche Stile durchgesetzt.

Rums nach Kuba Art: Dieser Stil steht für Rums aus Melasse in Säulenanlagen destilliert. Meist mit maximal 7 Jahren abgefüllt mit filigranem Körper und weicher Struktur. Die Rums sollen nicht durch eine lange Reifung zu viele Holztannine gepaart mit Vanillearomen aufnehmen. Dieser Stil ist neben Kuba auf den Insel Puerto Rico und in der Dominikanische Republik verbreitet.

Der französische Stil: Durch den Einbruch der Zuckerindustrie und der damit fehlenden Melasse wurde auf den Inseln unter dem französischen Kolonialeinfluss der Rum direkt aus dem Zuckerrohrsaft anstatt aus Melasse hergestellt. Diese Rhum agricole genannten Destillate sind sehr fruchtbetont und weniger füllig als Melasse-Rums. Dieser Stil wird fast nur in den französisch beeinflussten Gebieten wie Martinique, Guadeloupe oder Haiti produziert. Für Martinique und

Guadeloupe, die heute noch zu Frankreich gehören, wurde eine AOC-Vorschrift für Rhum agricole erlassen.

Der Jamaika Stil: Dieser wuchtige Rumstil wird vor allem auf den ehemals englisch besetzten Gebieten angewandt. Es handelt sich um Melasse die in Pot Stills zu esterreichen Rums mit wuchtigem Körper gebrannt werden. Am meisten wird dieser Stil in Jamaika und Guyana destilliert.

WEITERE EINTEILUNGEN

Der Vollständigkeitshalber seien die folgenden Einteilungen erwähnt.

In vielen Rumhandlungen werden Rums nach der Art des Rohstoffes eingeteilt. Es gibt drei verschiedene Ausgangsstoffe aus denen Rum bereitet wird: Melasse, Zuckerrohrsaft oder Zuckerrohrsirup.

Weiterhin können die Rums auch nach ihrer Art der unterschiedlichen Destillation eingeteilt werden. Möglich sind Pot Stills oder Säulenanlagen. Möglich ist auch ein Blend von beiden Typen.

FLAVOURED RUM, SPICED RUM UND RUMLIKÖRE

Flavoured Rum, Spiced Rum und Rumliköre sind im gesetzlichen Sinn keine Rums, sondern Spirituosen auf Rumbasis. Dafür werden Rums mit Früchten, Fruchtauszügen, Gewürzen und Zucker oder Honig aromatisiert. Manche dieser Getränke, insbesondere die Rumliköre, haben eventuell auch den für Rum erforderlichen Mindestalkoholgehalt von 37,5 Volumenprozent.

Historisch waren früher viele Rums aromatisiert. Der Grund dafür war, dass zu früheren Zeiten die Prozesse der Destillation nicht umfänglich bekannt waren. Dadurch waren viele Brände extrem rau, bitter und pur fast ungenießbar. Diese Brände wurden durch Früchte, Gewürze und Zucker abgerundet und genießbar.

Vor einigen Jahren waren besonders die Rumliköre mit Kokos-Flavour beliebt und im Markt stark vertreten. Die letzten Jahre stieg das Angebot an Flavoured und Spiced Rums mit verschiedenen Früchten und Gewürzen zum Beispiel Zimt stark an. Durch die Süße und fruchtigen Aromen sind diese für den Einsteiger geeignet. Heute haben alle großen Markenhersteller eine solche Spirituose im Angebot.

Ein weiteres großes Einsatzfeld ist die Cocktailwelt, der es durch den Einsatz dieser Spirituosen möglich ist, ganz neue Cocktails zu kreieren und bekannte Cocktails abzuwandeln.

DIE 3 GROSSEN RUMMARKEN

Der Rummarkt wird in Deutschland von 3 großen Rummarken aus Übersee dominiert. Diese 3 Marken teilen sich einen Großteil des Marktes auf und sind omnipräsent in allen Kaufhäusern erhältlich, werden in fast jeder Bar ausgeschenkt und sind in vielen Gaststätten verfügbar.

1. **Bacardi:** Bacardi hat es geschafft als Marke für einen Teil des Produktes zu stehen. Bacardi steht vor allem für weißen und goldenen Rum. Die Bestellung lautet oft nicht eine Rum Cola, sondern eine Bacardi Cola. Obwohl Bacardi vor allem Rum im Preiseinstiegssegment produziert, ist man auch Marktführer beim Umsatz.

2. **Captain Morgan Rum Company:** Eigentlich wird unter dem Namen Captain Morgan weni-

ger Rum als die aromatisierte Variante Spiced Rum verkauft. Neben der Aromatisierung hat der Spiced Rum nur fünfunddreißig Volumenprozent Alkohol und darf sich deshalb aus beiden Gründen nicht Rum nennen.

3. **Havana:** Havana, die Rum Marke aus Kuba, lag lange Jahre im Namensstreit mit Bacardi und durfte bis vor Kurzem aufgrund des Importverbotes für kubanische Produkte auch nicht in Amerika verkauft werden. Im Gegensatz zu Bacardi begrenzt man sich nicht nur auf weißen und einfachen weichen dunklen Rum für Cocktails, sondern hat auch hochwertige und hochpreisige Qualitätsrums im Angebot.

GRUNDBESTANDTEILE DES RUMS

Der Ausgangsstoff für Rum ist Zuckerrohr. Die Verwendung von sowohl Melasse als auch von Grundstoffen aus anderen Zuckerpflanzen als Zuckerrohr – zum Beispiel aus Rübenzucker – ist für Rum nicht zulässig. Zuckerrohr gehört zu der Pflanzengattung der Süßgräser und ist optisch dem Bambus sehr ähnlich. Das Zuckerrohr hat sehr hohe Anforderung an das Klima. Es benötigt sehr viel Wasser durch Niederschläge oder Bewässerung. Die Temperatur muss mit siebenundzwanzig Grad Celsius hoch sein und darf nicht unter achtzehn Grad Celsius sinken. Im Gegensatz zu früher kann Zuckerrohr heutzutage mit Maschinen geerntet werden. Früher war die manuelle Ernte, insbesondere unter den warmen und feuchten Klimabedingungen, eine extrem harte und anstrengende Arbeit.

Das Zuckerrohr stammt ursprünglich aus Asien. Vor dem Anbau der Zuckerrübe war der Zucker aus dem Zuckerrohr teuer und wertvoll. Deshalb wurde das Zuckerrohr durch die Kolonialmächte in den Kolonien verbreitet und angebaut. Die Holländer brachten das Zuckerrohr nach Indonesien, die Spanier und Portugiesen in die Karibik und Mittel- und Südamerika. Heute wird Zuckerrohr in allen geeigneten Ländern angebaut. Die Hauptanbauländer neben Brasilien sind heute insbesondere Indien, Australien, die karibischen Staaten, Kolumbien, Mexiko, Thailand und die USA. Die Bedeutung des Zuckerrohrs ist nach dem Anbau der Zuckerrübe als

Konkurrenzpflanze für die Zuckergewinnung stark zurückgegangen.

Prinzipiell gibt es zwei Arten, die Maische herzustellen. Die meistverbreitete Art, die insbesondere bei Massenrum verwendet wird, ist die Maische aus Melasse aus Zuckerrohr. Melasse ist ein Neben- beziehungsweise ein Abfallprodukt der Zuckerherstellung. Die Melasse ist ein dunkler, brauner Sirup, dessen Zucker nicht mehr weiter kristallisiert werden kann. Aus Melasse hergestellte Rums werden auch Rhum industriel genannt.

Die andere Möglichkeit ist Rum aus Zuckerrohrsaft herzustellen. Dazu wird das Zuckerrohr vor dem Pressen gereinigt. Danach wird das Zuckerrohr maschinell mit Messern zerkleinert und der Saft mit Druck aus dem faserigen Brei gepresst. Entgegen der landläufigen Meinung schmeckt dieser Saft nicht nur süß, sondern je nach Zuckerrohrsorte beinhaltet er zum Beispiel auch fruchtige Aromen. Der Zuckeranteil im Saft beträgt etwa 12 bis 20 Prozent. Das Zuckerrohr und der Zuckerrohrsaft müssen so schnell wie möglich verarbeitet werden, ansonsten leidet die Qualität oder ist für die Rumgewinnung nicht mehr zu gebrauchen. Deshalb kann Rum aus

Zuckerrohrsaft nur zur Erntezeit produziert werden.

Eine Moglichkeit den Zuckerrohrsaft zu konservieren ist die Herstellung von Sirup. Sirup entsteht beim Einkochen von Zuckerrohrsaft durch Wasserentzug und ist somit eingedickter Zuckerrohrsaft.

Damit ist es möglich das ganze Jahr über Rum zu erzeugen. Dies erhöht durch den kontinuierlichen Einsatz der Mitarbeiter, Maschinen und Destillationsapparate die Wirtschaftlichkeit und kann durch die höhere produzierte Menge den Bedarf an Rum besser befriedigen.

Aus Zuckerrohrsirup gewonnener Rum darf sich nicht Rhum agricole nennen. Das Zuckerrohrkonzentrat kann genauso wie Zuckerrohrsaft vergoren werden. Eventuell wird der Sirup vor der Vergärung mit Wasser wieder rückverdünnt.

Emotional ist für viele der Rhum agricole der bessere Rum, da er direkt aus Zuckerrohrsaft gewonnen wird, ohne den Umweg über das Konzentrat und nicht wie Rum aus Melasse aus einem Nebenprodukt der Zuckergewinnung.

Die große Kunst
der Rumherstellung

Die Rumproduktion besteht aus mehreren Prozessschritten, die ich nun im Folgenden einmal kurz vorstellen will.

1. VERGÄRUNG ODER FERMENTATION

Der erste Schritt ist die Vergärung. Für die Maische muss die Melasse mit Wasser verdünnt werden. Ohne Verdünnung startet eventuell die Vergärung durch Hefe zu langsam oder die Vergärung funktioniert nicht hundertprozentig oder dauert zu lange und kommt ins Stocken.

Die Vergärung oder Fermentation bezeichnet die Entstehung von Alkohol durch Hefe. Dafür werden der Maische spezielle Hefepilze zugesetzt. Die Hefe „verstoffwechselt" den Zucker zu Alkohol und Kohlendioxid. Kohlendioxid ist ein geruchloses, schweres Gas, durch das – ab einer bestimmten Konzentration in der Atemluft – der Mensch das Bewusstsein verliert. Bei einer Konzentration von 20 Prozent in der Atemluft ist das nach wenigen Sekunden der Fall. Der Vergärungsraum muss deshalb sehr gut belüftet werden. Welchen Hefestamm die Rum-Destille verwendet, hat

Auswirkungen auf das Endprodukt Rum. Die einzelnen Hefestämme produzieren als Nebenprodukte verschiedene Aromastoffe, Ester-Verbindungen und Fuselalkohole. Ebenso Auswirkungen auf das Endprodukt hat die Maischezeit. Diese kann je nach Brennerei entweder wenige Stunden bis zu mehreren Tagen dauern. Je länger die Maischestandzeit andauert, umso mehr und unterschiedliche Aromen können die Hefen produzieren. Die alkoholische Vergärung läuft umso schneller und heftiger je wärmer die Temperatur ist. Da traditionell die Rumherstellung in Zuckerrohr produzierenden Ländern und damit in sehr warmen Regionen stattfindet, verläuft der Beginn der alkoholischen Vergärung sehr schnell und heftig. In manchen Brennereien kühlt man während der Vergärung mittels Wasser. Das kühle Wasser läuft dafür an der Wand des Vergärungstanks herunter.

Damit die Maische durch die heftige Schaumbildung nicht über den Behälterrand läuft, wird manchmal eine Art Propeller – ähnlich einem Ventilator – eingesetzt, um die aufsteigenden Luftblasen zu zerstören.

Durch alkoholische Vergärung mit Hefe kann man nur einen Alkoholgehalt von etwa 16 Volumenprozent gewinnen. Ab dieser Alkoholkonzentration sterben die Hefepilze durch das Zellgift Alkohol ab. Der höhere, für Spirituosen übliche Alkoholgehalt wird durch den nächsten Schritt die Destillation erreicht.

2. DESTILLATION ODER BRENNEN

Prinzipiell funktioniert die Destillation durch ein einfaches Prinzip. Alkohol verdunstet bei 78 Grad Celsius früher als Wasser und der Dampf steigt nach oben. Am Anfang der Destillation verdunstet auch das vorhandene Methanol. Methanol ist ein Alkohol mit einem Kohlenstoffatom. Dieser Teil muss bei der Destillation abgetrennt werden, da der menschliche Körper Methylalkohol abbaut und dadurch giftige Stoffe entstehen. Außerdem macht Methanol blind. Der nächste Teil des Destillats hat einen hohen Anteil an Ethanol – landläufig Alkohol – genannt. Dieser Teil wird abgetrennt und in einem Speicher gesammelt, damit er weiter verarbeitet werden kann. Am Ende der Destillation verdampfen auch die sogenannten Fuselalkohole. Auch diese sind in größeren Mengen für den menschlichen Genuss nicht geeignet und werden separiert.

So einfach dieses Prinzip klingt, so schwierig ist die technische Umsetzung für die Herstellung von Spirituosen.

DESTILLATION IN BRENNBLASEN

Klassisch erfolgt der Brand in sogenannten Brennblasen. Brennblasen sind Behälter meist aus Kupfer. In diese Brennblasen füllt man die durch die alkoholische Gärung gewonnene Flüssigkeit und erhitzt diese. Entweder durch direkte Befeuerung durch eine Feuerstelle – meist mit Gas betrieben – unter der Brennblase oder indirekt durch Rohre in der Brennblase, durch die warmes Wasser geleitet wird. Oben an dem Behälter der Brennblase befindet sich der sogenannte Schwanenhals, in dem der Dampf nach oben steigt. Der Schwanenhals geht in einer Krümmung in den sogenannten Lyne Arm über. Am Ende des Lyne Arms wird der Dampf wieder im Kühler heruntergekühlt und somit verflüssigt. Eine in Brennblasen erzeugte

Spirituose muss mindestens zweimal gebrannt werden. Der erste Brand wird Rohbrand, der zweite Feinbrand genannt. Der Rohbrand hat etwa einen Alkoholgehalt von zwanzig bis fünfundzwanzig Prozent. Nach dem zweimaligen Brennen entsteht eine klare, farblose Flüssigkeit mit ungefähren 72 Volumenprozent Alkohol.

Beim Feinbrand wird das sogenannte Herz des Brandes vom Vorlauf und Nachlauf abgetrennt. Der Vorlauf enthält Methanol, der Nachlauf unter anderem die Fuselalkohole. Das Herzstück wird in den sogenannten Spirit Safe geleitet und gespeichert.

Entscheidend für den Geschmack und den Körper des Rums ist, zu welchem Zeitpunkt der Nachlauf abgetrennt wird. Spirituosen, bei denen die Abtrennung zum Nachlauf erst später erfolgt, sind vom Körper kräftiger und in ihrer Viskosität höher als früher abgetrennte, da sie mehr Ester und mehr höherwertiger Alkohole enthalten. Diese Stoffe machen den Brand öliger und cremiger. Das erklärt die höhere Viskosität und den kräftigeren Charakter dieses Rums. Dafür sind die fruchtigen und blumigen Aromen reduziert und nicht mehr so wahrnehmbar.

Die Form und Größe der Brennblase ist ebenfalls von großer Bedeutung für den Stil des Rums. Kleine

Brennblasen arbeiten eher die fruchtigen Aromen aus dem Destillat. Aber nicht nur die Größe ist entscheidend für den Charakter des Rums, sondern auch die Form. Niedrige gedrungene Brennblasen erzeugen einen wuchtigeren Rum, da die schweren Ester und öligen Bestandteile leichter in den Spirit Safe gelangen. Durch den kurzen Weg nach oben kondensieren weniger dieser schweren Bestandteile an der Wand des Schwanenhalses. Bei hohen Brennblasen kondensieren mehr dieser Stoffe an den Kupferwänden und tropfen in den Behälter zurück. Dies nennt man den sogenannten Reflux.

Die Destillation in Brennblasen ist ein aufwändiger diskontinuierlicher Prozess. Das bedeutet, am Ende des Brennprozesses müssen die Reste aus der Brennblase entfernt und sie muss gereinigt werden.

DAS KONTINUIERLICHE BRENNVERFAHREN

Im neunzehnten Jahrhundert wurde deshalb eine Möglichkeit erfunden den Brennprozess kontinuierlich zu betreiben. Diese Konstruktion nennt man entweder Coffey Still – benannt nach Herrn Coffey, der darauf ein Patent anmeldete – oder auch Column Still, Patent- oder Continuous Still.

Die Coffey Still besteht aus 2 hohen Säulen, die durch Kupferplatten in Segmente geteilt sind. Die Kupferplatten haben viele Löcher, damit sie durchlässig sind. Die Säulenbrennanlagen gibt es mit einer Säule mit bis zu 5 Kupferplatten. Je mehr Säulen die Anlage besitzt, umso mehr unterschiedliche Rumtypen können während des Brennvorganges getrennt werden. So können mit einer Anlage ganz verschiedene Typen und Arten von Rum hergestellt werden. Mit der Anzahl der Säulen steigt die Komplexität der Anlage, die Anschaffungskosten und der Platzbedarf. Mit einer Säulenanlage können durch den kontinuierlichen Prozess viel größere Mengen an Rum produziert werden. Brennblasen müssen nach jedem Brennvorgang geleert und gereinigt werden. Dies alles entfällt bei den Säulenanlagen.

Es gibt auch Brennereien, die sowohl Brennblasen als auch Säulenanlagen besitzen und in Betrieb haben. Dies erhöht die Variationsbreite der produzierbaren Rums und damit auch die Möglichkeiten beim Blenden der Endprodukte.

Einige nutzen auch beide Brennvorgänge zur Produktion eines Rums, indem zuerst ein Brennvorgang in einer Brennblase durchgeführt wird und das Ergebnis dann nochmal in der Säule gebrannt wird. Den umgekehrten Vorgang – erst in einer Säule und dann in einer Brennblase – nutzt die Firma Bundaberg in Australien.

3. DIE REIFUNG

Alle dunklen Rums reifen in Holzfässern. Eine erfolgreiche Reifung ist von vielen Parametern abhängig. Ein Punkt, der die Reifung entscheidend beeinflusst, ist die Holzart.

Obwohl keine Vorschrift über die Holzart besteht, reifen Rums fast immer in Fässern aus Eichenholz. Wichtig ist, dass die Fässer vor der ersten Benutzung innen ausgebrannt – geröstet – sind. Durch die Röstung entstehen süßliche Noten von Karamell und Vanille und ähnliche Aromen. Diese Aromen sind typisch für amerikanische Eiche und werden nach und nach an den Rum abgegeben, während bei der französischen Eiche durch ihre andere Holzstruktur weniger Süße aber mehr Gerbstoffe in den Rum abgegeben werden.

Während der Reife nimmt der Rum aber nicht nur Aromen aus dem Holz auf, sondern es werden auch unerwünschte rauhe Aromen durch die Fasswand nach außen abgegeben.

Die Holzfässer werden für die Rumreifung meist dreimal verwendet. Es ist einleuchtend, dass mit jeder Lagerung die Aromen und die Farbe, die der Rum aus dem Holz aufnehmen kann, abnehmen. Somit wird die Aromatisierung und Färbung der Rums mit jeder Nutzung geringer. Rums aus einem erstmals benutzten Fass nennt man „first fill" aus einem zweitbenutzten „second fill" und „third fill" bei einem dreimal benutzten Fass. Manche Firmen brennen ihre Fässer für den Zweit- und Drittgebrauch neu aus. Der Nachteil ist, dass die Holzdauben dabei immer dünner werden.

Das Tempo der Reifung wird durch das Klima ebenfalls stark beeinflusst. Je höher die Temperatur, umso schneller laufen die biochemischen Reaktionen ab. Da die Vielzahl der Rums in heißen Klimazonen lagert, läuft die Reifung etwa drei bis viermal so schnell ab, als zum Beispiel die Whiskyreifung im kühleren Schottland. Lange Reifezeiten sind deshalb nur in kühlen Bergregionen möglich. In den warmen Regionen kann der Rum schon nach der Reifung von 6 Jahren so viel Gerbstoffe (Tannine) und andere Aromen aufgenommen haben, dass er sehr bitter schmeckt und pur nicht mehr mit Genuss getrunken werden kann. Dieser Effekt wird durch die hohe Luftfeuchtigkeit verstärkt. Durch die Feuchtigkeit dringt der Rum stärker in das Holz ein und entzieht ihm mehr Aroma und vor allem auch Gerbstoffe aus dem inneren Teil des nicht gerösteten Holz. Dies verstärkt die Holznoten und den bitteren Anteil der Tannine. Es gibt keine Vorschriften über den Reifeort. Rum kann somit sowohl im Herstellungsland als auch außerhalb reifen. Durch das Klima hat der Reifeort aber starken Einfluss auf die Entwicklung der Rums bei der Reife.

Entscheidend für den Geschmack ist somit die Reifung und nicht die Anzahl der Reifejahre.

Einen Einfluss auf den Reifeprozess hat als weiterer Parameter die Fassgröße. Je größer das Fass, desto schlechter ist das Verhältnis von Holzoberfläche zu Inhalt. Die Reifeoberfläche pro Liter ist somit ebenso geringer als auch die Abgabe von Aromen und Farbe pro Liter. Somit hat die Fassgröße sowohl Einfluss auf die Aromen, als auch auf das Reifungstempo. Es gibt im Gegensatz zu

Whisky keine Regelung für die maximale Fassgröße, trotzdem haben die meisten Fässer ein Fassungsvermögen von 200 bis 250 Litern und maximal von ungefähr 500 Litern.

Je länger die Fässer reifen, umso höher ist der „part of the Angel" der auch „angels share" genannt wird. Damit gemeint ist der Teil, der bei der Reifung verdunstet. In dem warmen Klima der Karibik sind dies etwa sechs Prozent pro Jahr. Das macht über die Reifezeit einen nicht zu vernachlässigen Anteil der Produktion aus. Im Vergleich: Der „angels share" im kühlen Schottland beträgt im Durchschnitt zwei Prozent.

Einen weiteren Einfluss auf die Lagerzeit und den Geschmack des Destillats hat der Alkoholgehalt mit dem die Füllung in die Fässer erfolgt. Je höher der Alkoholgehalt, desto weniger Fässer werden benötigt. Dieser wirtschaftliche Vorteil wird aber durch die höhere Verdunstung bei höheren Alkoholgraden wieder wettgemacht, insbesondere bei den hohen Temperaturen in den Herstellungsländern. Der unterschiedliche Alkoholgehalt ist auch verantwortlich für die verschieden schnelle Reifung. Ebenso unterscheiden sich die extrahierten Aromen je nach Alkoholgehalt.

Eine weitere Möglichkeit, die Aromen bei der Reifung zu beeinflussen, ist die Verwendung von Fässern, die schon für die Reifung von anderen Spirituosen benutzt wurden. Auch bedingt durch die räumliche Nähe sind das in erster Linie gebrauchte Bourbon-Fässer. Diese Fässer sind auch kostengünstig, da für Bourbon-Whiskey per Gesetz immer neue unbenutzte Fässer für die Lagerung verwendet werden müssen und die Fässer somit nach der ersten Nutzung für Bourbon unbrauchbar sind. Da aber auch die Verfügbarkeit von neuen Fässern nicht mehr mit der stark steigenden Produktionsmenge von Bourbon standhält und es bald nicht mehr genügend neue Fässer gibt, versuchen einige Whiskeyfirmen eine Gesetzeslockerung herbeizuführen, um auch gebrauchte Fässer verwenden zu dürfen.

Einige Rumhersteller setzen aber auch für die Reifung Fässer ein, die schon für die Reifung von Sherry, Cognac, Madeira oder Wein benutzt wurden. Meist wird nur ein Teil der Lagerzeit in diesen von der Vorgängerspirituose aromatisierten Fässern – zum Beispiel zur Nachreife – verbracht. Verstärkt eingesetzt wird dies von den sogenannten unabhängigen Abfüllern, die diese Nachreifung – „finishing" genannt – in ihren eigenen

Lagern einsetzten. Da immer noch Reste der Vorgängerspirituose im Holz des Fasses zurückgeblieben sind, erfolgt somit eine zusätzliche Aromatisierung des Rums.

Einige Rums wie zum Beispiel die Rums von Zacapa werden nach dem sogenannten Solera-Prinzip gelagert. Der Name Solera kommt vom spanischen und heißt übersetzt am Boden liegend. Das Solera-Prinzip wird vor allem für die Lagerung von Sherry angewandt. Die Solera bezeichnet die unterste Fassreihe über der weitere Fassreihen aufgereiht sind. Dabei wird der Rum zur Abfüllung immer der untersten Reihe entnommen. Bei jeder Abfüllung werden circa 30 Prozent des Inhaltes entnommen. Die Reihe wird dann immer aus der darüber liegenden Reihe aufgefüllt. Dies passiert durchgehend bis zur obersten Reihe. Die oberste Reihe wird anschließend mit frischem Rum aufgefüllt. Somit sind in den Fässern immer kleine Anteile von sehr alten Rums enthalten.

Schon im neunzehnten Jahrhundert wurde Rum direkt nach der Destillation bei der Firma Bacardi durch Holzkohle gefiltert. Die große Oberfläche der Holzkohle und ihre Wirkung als Aktivkohle sorgten zusammen mit der Oxidation durch Sauerstoff für einen weichen und samtigen Rum.

Dadurch konnte man einerseits weißen Rum milder machen, zweitens die Reifezeit für goldene Rums verkürzen und man bekam als Ergebnis enorm weichen Rum.

Eine Möglichkeit weiße Rums zu lagern, ohne dass sie Farbe vom Holzfass annehmen, ist die Lagerung in einem Stahltank. Für die Reifung wird langsam und wohldosiert ein kleiner Strom von Sauerstoff in den Tank gegeben. Der sorgt für eine langsame Reifung und eine Entfernung der ungewünschten Esterverbindungen. Dadurch entstehen frische aromatische weiße Rums, deren Fruchtnoten durch den kleinen Anteil von Sauerstoff nicht oxidativ beeinflusst werden.

4. Das Blenden

Am Ende der Herstellung steht das Verschneiden – Blenden genannt – der einzelnen Fässer zum Endprodukt. Dies ist die Aufgabe des Master Blenders, der die richtigen Fässer und die Anteile der einzelnen Rums auswählt.

Am Anfang des Blendens steht die Idee: „Was für eine Art von Rum soll kreiert werden?" Soll der Rum weich und rund oder wuchtig mit starken Tabaknoten o. ä. sein? Für das Blenden stehen Rums aus Pot Stills, aus kontinuierlichen Brennapparaten, unterschiedlich lang gelagerte Rums, aus first fill, second fill und third fill zur Verfügung. In der Auswahl stehen auch lang gelagerte Rums, die zum pur Trinken ungeeignet sind, aber in kleinen Anteilen verschnitten enorme Dichte und Aromenvielfalt in das Endprodukt Rum bringen. Aus allen diesen Zutaten muss der Master Blender die Idee seines Rums verwirklichen. Dazu gehört sehr viele Wissen, Erfahrung und Kreativität. Nur so ist es möglich, dass eine Brennerei eine ganze Bandbreite von sehr unterschiedlichen Rums auf den Markt bringt. Aber auch nur durch das Blenden ist es den Brennereien möglich, Markenrums auf den Markt zu bringen, die immer die gleiche Qualität und den gleichen Geschmack haben, unabhängig davon, wann die Abfüllung erfolgt ist.

5. Zuckerung

Die Zuckerung von Rum ist laut der „VERORDNUNG (EG) Nr. 110/2008 DES EUROPÄISCHEN PARLAMENTS UND DES RATES vom 15. Januar 2008 zur Begriffsbestimmung, Bezeichnung, Aufmachung und Etikettierung von Spirituosen sowie zum Schutz geografischer Angaben für Spirituosen und zur Aufhebung der Verordnung (EWG) Nr. 1576/89" erlaubt. Im Anhang 1 Nr. 3 zur Verordnung sind die erlaubten Süßungsmittel geregelt. Dazu gehört unter anderen Halbweißzucker, Weißzucker, raffinierter Weißzucker, Dextrose, Fruktose, Glukosesirup, Flüssigzucker, Invertflüssigzucker oder Sirup von Invertzucker, auch Honig. Sinn dieser Süßung ist das Abrunden des Rums, indem er durch die Süßung weicher und milder wird. Bei der Nutzung von Honig wird der Rum aber nicht nur gesüßt, sondern auch durch den Honig aromatisiert.

Wenn Zucker im Rum festgestellt wird, kann dieser nur aus der Fasslagerung oder aus der zugegebenen Süßung stammen. Ein Destillat ist nach dem Brennen zuckerfrei. Selbst nicht vergorener Zucker bleibt in der Brennblase zurück und wird nicht mit destilliert.

Wenn manche Rums süß schmecken, kommt das nicht

vom Ausgangsprodukt Zuckerrohr. Der Zucker der Maische ist entweder zu Alkohol umgewandelt oder geht nicht in das Destillat über.

Der Zuckergehalt kann durch Messung der Dichte berechnet werden. Dafür muss man die Temperatur berücksichtigen und den Alkoholgehalt des Rums kennen.

Da es für die Süßung keine Kennzeichnungspflicht auf dem Etikett gibt, ist es für den Verbraucher beim Kauf nicht ersichtlich, ob ein Rum gesüßt wurde oder nicht.

Leider muss man davon ausgehen, dass viele Markenrums aus Melasse gesüßt sind. Die Süßung soll zum Teil bis zu 40 Gramm Zucker pro Liter Rum ausmachen.

Die Ausnahme bilden die Rhums agricole die nach den AOC-Vorschriften nicht gesüßt werden dürfen.

Viele Rums der kleinen unabhängigen Abfüller, welche oft die Rums als Single Casks abfüllen, fügen keine Süßung hinzu, sondern füllen so ab, wie die Rums aus dem Fass kommen. Es wird nur mit einem groben Filter filtriert, um eventuelle Fremdstoffe – zum Beispiel aus dem Fass – nicht mit in die Flasche abzufüllen.

6. Abfüllung

Als letzter Schritt erfolgt die Abfüllung in Flaschen. Da der Alkoholgehalt sich in jedem Fass bei der Reifung individuell entwickelt, werden viele Rums vor der Abfüllung durch die Verdünnung mit Wasser auf einen einheitlichen Alkoholgehalt gebracht. Dies gilt insbesondere für Markenrums, da sich sonst jede Abfüllung im Laufe der Jahre im Alkoholgehalt und damit im Geschmack und der Konzentration unterscheiden würden. Denn der Alkohol ist selbst ebenfalls ein Aromastoff und außerdem werden bei der Verdünnung nicht nur der Alkohol, sondern alle Inhaltstoffe durch die Zugabe von Wasser verdünnt. Je stärker der Rum mit Wasser verdünnt wird, desto kleiner werden die Herstellungskosten, da dadurch mehr Flaschen abgefüllt werden können. Weiterhin reduziert sich die Alkoholsteuer pro Flasche, da diese in Deutschland auf den absoluten Alkoholgehalt berechnet wird. Durch die Zugabe von Wasser reduziert sich der Alkoholgehalt und somit auch der absolute Alkohol pro Flasche und damit auch die Alkoholsteuer pro Flasche. Die Reduzierung des Alkohols ist auch eine Frage der Wirtschaftlichkeit. Damit sich die Spirituose noch Rum nennen darf, darf der Alkoholgehalt allerdings 37,5 Volumenprozent nicht unterschreiten.

Des Weiteren werden viele Rums vor der Abfüllung kühlfiltriert. Der Grund für Kühlfiltrierung liegt darin, dass ein Alkohol-Wasser-Gemisch je nach Temperatur bei weniger als 46 Volumenprozent die Fähigkeit verliert, ölige Stoffe und auch langkettige Ester zu lösen. Diese Stoffe fällen dann insbesondere bei kühlen Temperaturen aus (sie sondern sich quasi ab) und machen die Spirituose trüb. Damit dies nicht passiert, werden diese Stoffe bei der Kühlfiltration herausgefiltert. Damit bleibt der Rum auch bei einem Alkoholgehalt von unter 46 Volumenprozent und trotz kühlen Temperaturen klar und wird nicht trüb.

Für die Kühlfiltrierung wird die Spirituose auf etwa 2 Grad Celsius gekühlt, damit die trüben Bestandteile ausfällen und dann durch feinmaschigen Filter zurückgehalten werden können. Die Trübstoffe sind damit aus der Spirituose gefiltert und der Rum bleibt auch bei niedrigen Temperaturen klar. Da der Effekt der Trübung bei einem niedrigeren Alkoholgehalt als 46 Volumenprozent eintritt, kann man davon ausgehen, dass fast alle Rums mit einem Alkoholgehalt kleiner als 46 Volumenprozent kühlfiltriert sind. Die Tatsache, ob ein Rum kühlfiltriert ist oder nicht, muss nicht auf dem Etikett vermerkt sein.

Wenn der Rum gefärbt wird, erfolgt die Färbung ebenfalls vor der Abfüllung.

Werden Rums ohne Verdünnung mit Wasser abgefüllt – also in dem Alkoholgehalt, wie sie aus dem Fass oder den Fässern kommen –, nennt man dies Fassstärke oder auf Englisch „cask strength".

Für einige Weinsorten – zum Beispiel bei Chianti Classico – ist die Abfüllung in der Herstellerregion Pflicht. Ebenso muss schottischer Whisky in Schottland in Flaschen gefüllt werden. Für Rum gibt es, wie schon erwähnt, hingegen keine Vorschriften über den Abfüllort. Die Abfüllung muss nicht im Erzeugerland erfolgen.

Was ist beim Rumgenuss zu beachten

Wenn man Rum genießen will, gibt es einige Punkte zu berücksichtigen. Die aufgeführten Punkte sollen aber nur Anhaltspunkte sein für den Rumgenuss. Am Ende muss jeder selbst entscheiden, wie er seinen Rum trinken möchte und wie er ihm am besten schmeckt.

DAS GLAS

Das Glas hat einen entscheidenden Einfluss auf den Geruch und den Geschmack des jeweiligen Rums. Je leichter und filigraner der Rum ist, umso kleiner sollte das Volumen des Glases sein. Geeignet sind vor allem Spirituosengläser, die in ihrer Form an Sherrygläser erinnern, aber insgesamt größer sind. Eine weitere sehr gute Möglichkeit sind auch spezielle Whiskygläser, wie zum Beispiel das Glencairn Glas. Wichtig ist die Gläser nicht so stark zu befüllen, damit die Möglichkeit besteht, dass sich im oberen Teil des Glases ein Duftkamin bildet. Vorteilhaft ist, wenn sich das Glas im oberen Teil verjüngt, damit der Duft gebündelt wird.

TRINKTEMPERATUR

Rum sollte bei Zimmertemperatur genossen werden. Wenn der Rum zu kalt ist, entfalten sich die Aromen nicht in vollem Umfang. Je kühler der Rum, umso stärker sind die Duftstoffe und Aromen im Rum eingeschlossen. Ist die Trinktemperatur zu hoch, tritt der Alkohol zu stark in den Vordergrund und die anderen Aromen sind nicht mehr wahrnehmbar. Je körperreicher der Rum umso höher die Temperatur. Leichte und milde Rums kann man auch gerne ein paar Grad kühler trinken, da bei diesen auch die Duftstoffe eher leichter sind und deshalb auch bei kühleren Temperaturen in der Nase und im Geschmack wahrnehmbar sind. Aber auch bei der Trinktemperatur gilt, es muss für Sie persönlich die richtige Temperatur sein.

WASSER UND EIS

Bei der Verkostung von Rum ist es durchaus üblich, den Rum zuerst pur zu probieren und ihn dann mit etwas Wasser zu verdünnen. Durch die Zugabe von Wasser tritt der Alkohol weiter in den Hintergrund und es kommen weitere zusätzliche

Aromen zum Vorschein. Manchmal ist es sinnvoll, die Verdünnung mit Wasser in Stufen durchzuführen und jeweils die einzelnen Ergebnisse zu verkosten. Dabei wird man oft bei jeder Stufe Veränderungen zu der vorherigen feststellen.

Man sollte unbedingt darauf achten, dass nicht jedes Mineralwasser zum Verdünnen geeignet ist. Das Wasser darf keine Kohlensäure enthalten und muss möglichst salzarm – insbesondere kochsalzarm – sein. Den Anteil Kochsalz kann man an der Menge von Natrium- (Na^+) und Chlorionen (Cl^-) feststellen.

Das Hinzufügen von Eis in den Rum löst zwei Effekte aus. Einerseits schmilzt das Eis zu Wasser und verdünnt den Rum und zweitens erfolgt durch das Eis eine Kühlung. Da sich die Verdünnung mit Wasser durch das Eis nicht direkt steuern lässt und die Kühlung meist unerwünscht ist, ist die Verwendung von Eis nicht empfehlenswert, außer man möchte im Sommer einen leichten eventuell weißen Rum gekühlt genießen. Andere Zusätze außer Wasser sollten für hochwertige Rums nicht verwendet werden.

Im Handel sind Pipetten erhältlich, mit denen die Wassermenge zum Verdünnen tropfenweise dosiert werden kann.

WIE WIRD RUM PUR VERKOSTET

Bei der Verkostung von Rum wird der Rum mit allen Sinnen wahrgenommen. Zum Rumgenuss gehört Zeit. Hektik ist fehl am Platz. Den ersten Eindruck liefert die Optik. Die Farbe gibt Auskunft über die Lagerung. Je dunkler der Rum, desto mehr Farbe und Holzaromen hat er bei der Lagerung aufgenommen. Dies gilt natürlich nur für den Fall, dass der Rum nicht gefärbt wurde. Nachdem die Farbe begutachtet wurde, schwenken wir das Glas leicht, sodass die Flüssigkeit sich am Glasrand verteilt. Beim Ablaufen des Rums an der Glaswand bilden sich die sogenannten legs (englisch für Beine). An der Fließgeschwindigkeit kann man die Viskosität des Rums ablesen. Je langsamer die legs abfließen, umso höher ist die Viskosität. Je höher der Estergehalt, der Gehalt an öligen Bestandteilen und der Alkoholgehalt desto höher die Viskosität. Eine hohe Viskosität ergibt im Mund einen fülligen, öligen und cremigen Charakter. Man spricht von einem kräftigen

Körper, da der Rum den Mund voll mit seinem Geschmack und Aroma ausfüllt. Dies ist natürlich kein Qualitätsmerkmal, sondern sagt etwas über die Struktur des einzelnen Rums aus. Mit Hilfe der Optik kann man in einem sehr frühen Stadium der Verkostung schon feststellen, ob man einen reifen und wuchtigen Rum oder eher einen jungen, weichen Rum im Glas hat.

Der nächste Eindruck ist die sogenannte Nase. Damit sind der Geruch und das Aroma gemeint, das man mit der Nase riechen kann. Dafür nähert man sich dem Glas langsam mit der Nase und versucht den Geruch zu erfassen. Die Geruchsaromen können im Rum sehr vielfältig sein. Dabei gibt es fruchtige, blumige Aromen insbesondere bei jungen Rums, süße Vanille- und Karamellaromen und andere Holzaromen bis hin zu wuchtigen tabakartigen, ledrigen Aromen bei körperreichen Rums. Nach der ersten Geruchsaufnahme wird das Glas leicht geschwenkt und nochmals gerochen. Durch die leichte Bewegung sind jetzt auch schwerere Aromastoffe im Duft enthalten und können mit der Nase wahrgenommen werden. Wenn man beim Riechen die Haltung der Nase zum Glas verändert, bemerkt man oft noch andere zusätzliche Aromen, die vorher so nicht wahrnehmbar waren. Viele Menschen nehmen auch mit dem rechten Nasenloch andere Gerüche wahr als mit dem linken. Deshalb ist es sinnvoll beim Riechen die Kopfhaltung so zu ändern, dass man mal mit dem rechten und mal mit dem linken Nasenloch den Geruch aufnehmen kann.

Es ist auch möglich einen Teil Rum auf den Innenflächen der Hände zu verteilen, leicht zu verreiben und dann die Hände über die Nase und den Mund zu legen und den Geruch wahrzunehmen. Durch die große Fläche der Hände ist die Verdunstung viel größer und der Geruch wird anders wahrgenommen. Außerdem verdunstet ebenfalls durch die große Oberfläche der Alkohol schneller und somit kann der Duft ohne den eventuell störenden Einfluss des Alkohols beurteilt werden.

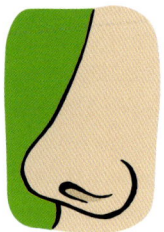

GESCHMACK

Nach der Nase erfolgt die Erforschung des Geschmacks. Auch dafür sollte man sich wie beim Geruch genügend Zeit nehmen. Der erste Schluck sollte so groß sein, dass man damit den ganzen

Mund benetzen kann und den Rum im ganzen Mund bewegen kann. Je öliger der Rum über die Zunge läuft und je cremiger er ist, umso höher ist die Viskosität. Ein körperreicher Rum füllt den Mundraum mit viel mehr wuchtigen, kräftigen Aromen als ein leichter Rum, der eher fruchtig, blumig ist und erfrischend wirkt. Man sollte den Rum beim Probieren lange im Mund behalten und alle Teile des Mundes benetzen. Je mehr verschiedene Aromen enthalten sind, desto höher ist die Komplexität des Rums. Ein qualitativ hochwertiger Rum hat auch eine große Komplexität und eine große Anzahl an verschiedenen Aromen. Wichtig für die Bewertung der Qualität ist aber auch die Länge und Komplexität des sogenannten Abgangs. Der Abgang bezeichnet den Nachgeschmack nach dem Schlucken. Je länger der Abgang und je komplexer die Aromen, umso höher ist die Qualität des Rums einzustufen.

LAGERUNG VON VERSCHLOSSENEN UND ANGEBROCHENEN FLASCHEN

Rum reift, ebenso wie andere Spirituosen, in Flaschen nicht weiter. Die Reifung findet nur im

Holzfass statt. Ein in Flaschen abgefüllter Rum wird sich trotzdem in der Flasche verändern. Keine Flasche und kein Verschluss sind absolut gasdicht. Somit wird der Rum im Laufe der Jahre durch den eindringenden Sauerstoff oxidieren. Der Rum wird dadurch etwas milder. Das ist auch ein Grund dafür, dass einige die Flasche Rum vor dem erstmaligen Genuss einige Stunden vorher öffnen und die geöffnete Flaschen ohne Verschluss stehen lassen. Der Rum oxidiert leicht mit dem Sauerstoff, der durch die Flaschenöffnung eindringt, und verliert ein paar seiner Ecken und Kanten.

Parallel zur Oxidation bei der Flaschenlagerung verdunsten Aromastoffe und Alkohol aus der Flasche. Vermehrt verdunstet werden Stoffe, die einen niedrigen Siedepunkt haben. Dies ist der Alkohol und die leichten eher fruchtig und blumigen Aromastoffe.

Bei angefangenen Flaschen erhöht sich sowohl die Oxidation, da die fehlende Flüssigkeit durch Luft ersetzt wird und sich somit der Sauerstoffgehalt in der Flasche erhöht. Außerdem steigt die Verdunstung von Aromastoffen, die sich mit dem größeren Volumen an Luft vermischen. Diese Effekte sind logischerweise bei stark geleerten

Flaschen stärker, als wenn der Flasche erst ein oder zwei Gläser entnommen wurden. Aus diesem Grund sollten Flaschen, die nur noch kleine Mengen enthalten, möglichst nicht mehr lange gelagert werden. Es gibt aber auch Möglichkeiten, diese Effekte zu minimalisieren. Eine Möglichkeit ist die Restmenge Rum in kleinere Flaschen umzufüllen. Die Größe der Flasche sollte so gewählt sein, dass die Flasche gut gefüllt ist und möglichst wenig Luft und somit Sauerstoff enthält. Eine andere Möglichkeit – ohne den Inhalt umzufüllen – ist, den Sauerstoff aus der Flasche zu verdrängen. Es gibt Sprayflaschen mit Stickstoff, die eigentlich für die Weinaufbewahrung bestimmt sind. Da Stickstoff schwerer als Sauerstoff ist, legt sich dieser auf die Oberfläche des Rums und trennt damit die Flüssigkeit vom Sauerstoff. Weitere Möglichkeiten sind gereinigte, ausgekochte Kieselsteine oder Glasmurmeln in die Flasche zu geben. Diese verdrängen durch ihr Volumen den Sauerstoff und reduzieren die Oxidation.

Die wichtigsten Länder und Brennereien und ihre Rums

KARIBIK

ANTIGUA

Antigua Distillery Limited (ADL)

Die 1932 gegründete Antigua Distillery Limited produzierte Rum aus Melasse, der anfangs als Fassware verkauft wurde. Dafür wurde die Melasse eingekauft und in einer 4-Säulenbrennanlage aus Frankreich destilliert. 1947 wurde der erste selbstabgefüllte Rum unter der Marke Cavalier Muscovado Rum vertrieben. Die Marke ist heute noch unter dem Namen Cavalier Rum erhältlich. 1993 wurde die alte Säulenanlage durch eine in Frankreich gekaufte 3-Säulenanlage ersetzt. Durch diverse Umbauten vor Ort, kann diese Brennanlage eine 5-Säulenanlage simulieren. Diese Säulenanlage ist nach eigenen Angaben der Brennerei die einzige in der Karibik, die nur aus Kupfer besteht und kein anderes Metall enthält. 1994 wurde die zusätzliche Rum-Marke English Harbour eingeführt. Beide Marken sind in Deutschland auf dem Markt.

Webseite (englisch):
http://www.antiguadistillery.com

BARBADOS

Barbados war früher mit tropischem Regenwald
bewachsen. Dieser wurde zum größten Teil vom
Zuckeranbau verdrängt. Heutzutage leben weniger als 300 000 Einwohner auf der Insel. Regiert
wird das Land von einem 2-Parteien-Parlament.
Als Wirtschaftsfaktor hat der Tourismus den Zuckeranbau überholt.

Zu nennen sind hier 3 verschiedene Hersteller:

Mount Gay

Die Maische aus Melasse wird mit Hilfe von Hefe
72 Stunden lang vergoren. Die speziellen Hefen
werden bei Mount Gay kultiviert und nur dort
verwendet. Sie verarbeiten die Maische zu sechs
bis sieben Prozent Alkohol. Bei Mount Gay sind
sowohl Brennblasen aus Kupfer als auch
Säulendestillations-Apparate im Einsatz. Aus den
Brennblasen kommen kräftige, körperreiche, fül-
lige Rums mit siebzig Prozent Alkohol. Im Gegensatz dazu produziert die Säulenanlage weiche
geschmeidige Rums mit neunzig Volumenprozent
Alkohol. Die Reifung erfolgt in Ex-Bourbon-Fässern aus amerikanischer Eiche. Die Verbundenheit

mit Barbados zeigt Mount Gay auf jedem Etikett mit dem Aufdruck des Inselumrisses von Barbados.

Homepage (englisch):
http://www.mountgayrum.com

West Indies Rum Distillery

Die West Indies Rum Distillery (W.I.R.D.) wurde 1993 gegründet und liegt direkt am Strand von Barbados. West Indies Rum vermarktet keine eigenen Rums, sondern produziert Rum für andere Marken und Rumliköre. So wird dort zum Beispiel der Rum für den Likör Malibu hergestellt. Da der Wettbewerb für Bulk-Ware extrem hart ist, muss immer sehr wirtschaftlich produziert werden. Aus diesem Grund ist die West Indies Rum Distillery immer auf dem aktuellen Stand der Technik, damit sie gegen andere Firmen bestehen kann.

Webseite: keine

Cockspur

Cockspur hat keine eigene Brennerei, sondern bezieht die Rums von der West Indies Rum Distillery. Abfüller der

Cockburn Rums ist die Firma Hanschell Innis Brighton auf Barbados.
Webseite: http://www.cockspurrum.com

GUADELOUPE

Guadelope ist wie Martinique ein Teil Frankreichs und dadurch rechtlich auch ein Teil der europäischen Union. Auf drei der acht Inseln wird Rum erzeugt. Produziert werden Rhum agricole aus Zuckerrohrsaft, der der AOC-Vorschrift unterliegt. Von den 55 aktiven Brennereien im Jahr 1939 ist heute nur noch eine einstellige Zahl übrig geblieben. Der Anbau von Zuckerrohr ist immer noch ein beachtlicher Wirtschaftszweig auf Guadeloupe.

Damoiseau

Die Rums der Marke Damoiseau sind ein Produkt der Bellevue Distillery. Die Brennerei produziert Rhum agricole seit ihrer Gründung im Jahre 1942. Der Zuckergehalt im Saft macht einen Anteil von vierzehn Prozent aus. Die Vergärung findet in Tanks aus rostfreien Stahl statt und dauert zwischen vierundzwanzig und sechsunddreißig

Stunden. Nach der Vergärung beträgt der Alkohol zwischen vier und sechs Prozent. Die Destillation wird in einer 1-Säulenanlage durchgeführt. Die dabei entstehenden Rums haben einen Alkoholgehalt zwischen sechzig und achtzig Prozent Alkohol. Auch die weißen Rums werden etwa sechs Monate in Holzfässern gelagert. Mit einem Marktanteil in Guadeloupe von mehr als fünfzig Prozent ist Damoiseau Marktführer. Es werden pro Jahr zwei Millionen Liter Rum produziert, von denen siebzig Prozent auf Guadeloupe und in anderen Teilen der Karibik konsumiert werden. Aus verständlichen Gründen ist der Hauptexportmarkt Frankreich. Aber auch in Deutschland ist die Marke Damoiseau erhältlich. Es werden auch einige spezielle meist lange gereifte Rums mit Angabe des Destillationsjahr und der Reifezeit abgefüllt.

Webseite (englisch): http://damoiseau.fr/en/

Montebello

Die Marke Montebello wird in der Carrere Distillery – zum Teil aus Zuckerrohr der eigenen Plantagen und zum anderen Teil aus zugekauftem Zuckerrohr – produziert. Die Brennerei ist in der

Nähe von Petit Bourg angesiedelt. Man stellt Rhum agricole aus frischem Zuckerrohrsaft her. Montebello steht für den Brand eine Säulenanlage zur Verfügung. Alle Rums werden vor der Fasslagerung für kurze Zeit in Stahltanks gelagert. Auch der weiße Rum wird danach für kurze Zeit in Holzfässern gereift.

Webseite: keine

Père Labat

Auf der Insel Marie-Galante produziert die Destillerie Poisson Rums der Marke Père Labat. Der Großteil des Zuckeranbaus der Insel wird für die Zuckerproduktion benötigt. Den Rest teilen sich die drei Brennereien neben Poisson noch die **Bielle** und die **Magalda Brennerei**. Die Rums dieser drei Destillen sind in Deutschland nicht sehr häufig erhältlich.

Webseite: keine

HISPANIOLA

Zwei Staaten, die unterschiedlicher nicht sein können, teilen sich die Insel Hispanola. Auf der östlichen Seite und der Mitte die Dominikanische

Republik und Haiti im Westen. Hispanola war die erste Insel in der Karibik, auf der Zuckerrohr angepflanzt wurde.

DOMINIKANISCHE REPUBLIK

Die Wirtschaft der Dominikanischen Republik lebt heute vor allem vom Tourismus. Die vielen Touristen lernen bei ihrem Aufenthalt in der Dominikanischen Republik auch die Rums des Landes kennen und schätzen. Da sie nach ihrem Urlaub diese auch zuhause genießen wollen, steigt der Export und das Interesse an diesen Rums stark an.

Einige der Rumproduzenten sind, nachdem Fidel Castro in Kuba an die Macht kam, in die Dominikanische Republik ausgewandert. Dies macht am besten die Marke Conde de Cuba deutlich. Obwohl der Name des Rums kubanische Herkunft erwarten ließe, enthalten die Flaschen Rum aus der Dominikanischen Republik. Stilistisch sind die Rums beider Länder sehr ähnlich. Beide produzieren eher leichte filigrane Rums.

Die bekanntesten Brennereien der Dominikanischen Republik sind Barcelo, Brugal, Bermúdes und Matusalem. Ebenso enthalten viele weitere Marken Rum aus der Dominikanischen Republik.

Barcelo

Die Brennerei Barcelo, die 1929 gegründet wurde, produziert ihre Rums aus Zuckerrohrsaft. Die Faserreste aus der Pressung des Zuckerrohrs werden für die Energiegewinnung genutzt. Bei der Vergärung entsteht eine Maische von sieben bis acht Prozent Alkohol, die in Stahltanks bis zur Destillation gelagert wird. Der Brennvorgang erfolgt in einer 3-Säulen-Anlage. Das Destillat, das dabei entsteht, hat ungefähr 96 Volumenprozent Alkohol. Die Brennsäulenanlage hat eine Kapazität von 50 000 Liter Alkohol pro Tag. Barcelo-Rums kann man im deutschsprachigen Raum ohne Probleme erwerben.

Webseite (englisch):

http://www.ronbarcelo.com/en/

Brugal

Die Rums von Brugal werden aus Zuckerrohrmelasse und nicht aus Zuckerrohrsaft produziert. Die Destillation erfolgt ebenfalls in einer Mehrsäulenanlage. Brugal hat den höchsten Exportanteil aller dominikanischen Rumbrennereien. Eine Besonderheit ist der Brugal Ron 1888 Gran Reserva Familiar, der in 2 Fasstypen gelagert ist. Als Erstes lagert er für 2 Jahre in Ex-Bourbon-Fässern, um dann weitere Jahre in Ex-Sherry-Fässern zu reifen. Die Ex-Sherry-Fässer geben sehr viel Aroma und Süße an den Rum ab und machen diesen füllig, samtig und geschmeidig.

Die Rums von Brugal sind in Europa sehr gut erhältlich.

Webseite (englisch): https://www.brugal-rum.com/

Bermúdez

Seit 1852 produziert die Firma Bermúdez Rum in der Dominikanischen Republik. Gebrannt wird in einer Mehr-Säulen-Anlage. Die Lagerung erfolgt in Ex-Bourbon-Fässern aus Weißeiche. Die Rums von Bermúdez sind nicht so stark im Handel in Deutschland erhältlich wie die der anderen dominikanische Rumhersteller.

Webseite (englisch):

http://www.ronbermudez.com/home

Matusalem

Die 1972 gegründete Firma verließ Kuba in den fünfziger Jahren des vorherigen Jahrhunderts aufgrund der politischen Lage und des Handelsembargos der USA und siedelte sich in der Dominikanischen Republik an. Der Name Matusalem wurde gewählt, weil es die Absicht war, lange gereifte Rums auf den Markt zu bringen. Die Wahl der Lagermethode fiel dabei auf die Solera-Methode, die noch heute angewandt wird. Die Rums von Matusalem sind in Europa erhältlich, aber nicht bei jedem Händler verfügbar.

Webseite (englisch):

http://www.matusalem.com/en.html

HAITI

Haiti ist eines der wirtschaftlich schwächsten Länder der Erde. Neben der schwachen Wirtschaft ist das Land auch politisch instabil. Außerdem ist Haiti sehr stark Erdbeben gefährdet. Das letzte Erdbeben 2010 hatte ein verheerendes Ausmaß.

Barbancourt

1962 wurde die Firma von Dupré Barbancour – einem Auswanderer aus der Region Cognac – gegründet. 1949 zog die Brennerei direkt zu den Zuckerrohrfeldern. Heute wird das Zuckerrohr von sechshundert Hektar verarbeitet. Der Flächenanteil von zwanzig Prozent ist im Besitz der

Firma. Grundlage für Rum ist der Zuckerrohrsaft. Dieser wird in 72 Stunden mit Spezialhefen aus dem Labor von Barbancourt vergoren. Die lange Maischezeit soll möglichst viele Aromen durch die Hefen erzeugen. Damit die Vergärung langsam und nicht zu heftig von statten geht, wird die Temperatur auf dreißig Grad Celsius geregelt. Der Alkoholgrad beträgt nach der Fermentation ungefähr 7 Prozent. Die Destillation erfolgt nach einem Brennverfahren, das für Cognac in Frankreich angewendet wird. Der erste Destillationsschritt findet in einer Column Still statt und erbringt einen Alkoholgehalt von siebzig Prozent. Der zweite Brennvorgang erfolgt in einer Brennblase aus Kupfer. Hierbei wird ein Alkoholgrad von neunzig Prozent erreicht. Für die Reifung wird der Alkoholgehalt mit Wasser auf etwa fünfzig Volumenprozent herabreduziert. Der niedrige Alkoholwert sorgt sowohl für eine schnelle Aufnahme der Holzaromen, als auch für eine geringere Verdunstung. Die Besonderheit der Reifung bei Barbancourt ist die Fassart, die Verwendung findet. Barbancourt reift seine Rums – nach dem Vorbild der Cognacs – in Eichenfässern aus der Limousin Region in Frankreich. Die dort wachsende Eiche (Quercus robur) ist großporiger als die amerikanische Weißeiche und erlaubt somit eine feinere Oxidation bei der Reifung. Die Rums von Barbancourt sind im deutschsprachigen Raum erhältlich, aber man muss etwas danach suchen. Webseite (englisch): http://www.barbancourt.net

KUBA

Havana

Havana ist der bekannteste Rum aus Kuba. Die Rums sind weich und samtig im traditionellen kubanischen Stil ausgebaut. Die Vergärung der Melasse dauert nur 24 Stunden und erreicht einen Alkoholgrad von sieben bis neun Prozent. Der Brand erfolgt ebenfalls kubatypisch in einer Säulenanlage. Die Reifung erfolgt in Weißeiche. Die Abfüllungen von Havana decken das gesamte Spektrum der verschiedenen Rums ab. Die Rums sind in Deutschland nicht nur in Rumfachgeschäften, sondern in sehr vielen Supermärkten erhältlich. Webseite (deutsch): http://de.havana-club.com/

Ron Caney

Unter Ron Caney werden die Rums der ehemaligen Bacardi Brennerei, die vom Staat beschlagnahmt wurde, vermarktet. Früher waren diese Rums nur auf dem Inlandsmarkt erhältlich. Heute werden sie auch nach Europa exportiert. Ron Caney wird nach eigenen Angaben ohne Zusatz von Farbstoff und Aromastoffen abgefüllt. Ob der Verzicht auf Aromastoffe, der ja in der europäischen Gemeinschaft gesetzlich vorgeschrieben ist, auch den Verzicht auf Süßung beinhaltet, ist unklar.
Webseite: keine

Santiago de Cuba

Die Rums kommen aus der ehemaligen Destille, die für die Produktion von Matusalem verantwortlich war. Eine Zeitlang wurden sie unter dem alten Markennamen Matusalem vertrieben. Der Name musste dann geändert werden.
Webseite: keine

MARTINIQUE

Martinique ist eine Insel mit ungefähr 70 Kilometern Länge und einer Breite von 40 Kilometern.

Sie wird von etwa vierhunderttausend Menschen bewohnt. Martinique gehört politisch und wirtschaftlich zu Frankreich und ist somit ein Teil der Europäischen Gemeinschaft. Die Insel wurde 1502 von Kolumbus entdeckt und ist seit 1635 mit wenigen Unterbrechungen in französischem Besitz. Wirtschaftlich spielt – neben dem Tourismus – der Bananen- und Zuckerrohranbau die Hauptrolle. Die Zuckerproduktion und der Zuckerexport hingegen spielen so gut wie keine Rolle mehr. Auf dem ehemaligen Hauptabsatzmarkt Frankreich hat der Zucker aus Rüben den Zucker aus Zuckerrohr fast komplett ersetzt. Heute stellen auf Martinique neun Brennereien Rhum agricole aus reinem Zuckerrohrsaft her. Im neunzehnten Jahrhundert gab es annähernd fünfhundert Brennereien auf Martinique, von denen letztendlich nur noch neun übrig geblieben sind.

Diese Rums von Martinique unterliegen der französischen Vorschrift Appellation d'Origine Contrôlée, die mit AOC abgekürzt wird. Die AOC ist ein Schutzsiegel für landwirtschaftliche Produkte einer Region und regelt die Eigenschaften dieser Produkte. Die Faserreste des Zuckerrohrs – Begasse genannt – werden verbrannt und für die Erzeugung von Dampfenergie verwendet.

Somit wird das gesamte Zuckerrohr verwendet und es werden sowohl aus wirtschaftlichen als auch aus ökologischen Gründen keine Ressourcen verschwendet.

Einige der Brennereien produzieren mehrere Marken, somit sind mehr als 9 verschiedene Rummarken aus Martinique erhältlich. Weiterhin wird auch Rohrum exportiert – vor allem nach Frankreich – und dort zu weiteren Marken mit Rum aus Martinique verschnitten.

Depaz

Die Wurzeln der Brennerei reichen bis ins Jahr 1952 zurück. Sie liegt im Nordwesten am Fuße des höchsten Berges der Insel, dem Mount Pelée. Nachdem der Mount Pelée 1902 einen verheerenden Vulkanausbruch erlebte bei dem die Brennerei zerstört wurde, wurde die Brennerei erst 1917 wieder aufgebaut. Der vulkanische Boden ist ideal geeignet für den Anbau der Zuckerrohrsorte Blue Cane. Diese Sorte hat mit 20 bis 25 Prozent einen höheren Zuckergehalt als andere Sorten und soll auch weitaus aromareicher sein. Die Zuckerrohrernte und die davon abhängige Produktion läuft von Februar bis Mai. Destilliert wird bei Depaz in einer Säulenkolonne,

Die Rums von Depaz sind im deutschsprachigen Raum gut erhältlich.

Webseite (englisch): http://www.depazrhum.com/

J. M Rhum

Die nördlichste und kleinste Brennerei auf Martinique ist J. M Rhum. Neben dem Standardprogramm bietet J. M Rhums als Spezialität Jahrgangsrums an. Diese Abfüllungen enthalten nur Rums, deren Zuckerrohr in diesem bestimmten Jahr geerntet und gebrannt wurde. Der Jahrgang bezieht sich auf das Brennjahr und nicht auf die Lagerzeit und das Abfülljahr. Es liegt in der Natur der Sache, dass diese Jahrgangsrums nur in einer begrenzten Flaschenanzahl produziert werden.

J. M Rhum brennt seine Rums in einer 2-Säulenbrennblase.

Webseite (englisch): http://www.rhum-jm.com/en/

Saint James

Die Standardabfüllungen von der Saint James Brennerei sind an der viereckigen, länglichen Flasche sehr gut zu erkennen. Saint James hat

2015 seinen 250. Geburtstag nach der Gründung 1765 gefeiert. Ein Besuch der Brennerei im Osten der Insel lohnt sich besonders, da an die Destille ein Rum-Museum angeschlossen ist, indem alte Geräte für den Zuckerrohranbau und die Rumproduktion ausgestellt sind.

Saint James nutzt für die Rumproduktion sowohl Brennblasen als auch eine Column Still. Der weiße Rum wird vor der Abfüllung für 6 Monate in Stahltanks gelagert. Saint James brennt nicht nur zur Erntezeit Rum, sondern das ganze Jahr über. Außerhalb der Erntezeit wird aber kein Rhum agricole produziert, sondern es werden Rums aus Melasse und Zuckerrohrsirup gebrannt. Dieser Produktionsteil wird aber nicht unter dem Namen Saint James abgefüllt, sondern an andere Abfüller – vor allem nach Frankreich – exportiert.

Webseite (englisch):
http://www.saintjames-rum.com/

Dillon

Die Destille Dillon liegt im Osten der Insel. Für den Brennvorgang werden bei Dillon Einzelsäulenanlagen eingesetzt. Bei Dillon sind vor allem länger gereifte Rums und auch Rums mit Angabe der Reifezeit im Angebot.

Webseite: http://www.rhums-dillon.com

La Mauny

La Mauny wurde 1749 für die Zuckerproduktion gegründet. Damals wurde auch schon mit der Produktion von Tafia – dem Vorgänger von Rum – begonnen. Weil der Zuckermarkt durch die Alternative der Zuckerrübe schwächelte, wurde die Zuckerproduktion zugunsten der Produktion von Rum gedrosselt. Schon damals verwendete man bei La Mauny frischen Zuckerrohrsaft für den Rum. 1929 wurde die Brennerei durch den Einsatz von Column Stills und neuen Mühlen für das Mahlen des Zuckerrohrs renoviert. 1996 wurde die Appellation d'Origine Contrôlée eingeführt. Seit dieser Zeit füllt La Mauny ihre Rums als AOC ab.

Webseite: http://www.lamauny.com

La Favorite

Diese 1842 gegründete Brennerei verarbeitet zu 100 Prozent nur frischen Zuckerrohrsaft. 60 Prozent des benötigten Zuckerrohrs werden auf den eigenen 62 Hektar kultiviert. Das restliche Zuckerrohr wird zugekauft. Die Fermentation dauert bei La Favorite ungefähr 72 Stunden. Dabei wird ein Alkoholgehalt von dreieinhalb bis viereinhalb Prozent erreicht. Gebrannt wird in Column Stills aus Kupfer bis zu einem Alkoholgrad von siebzig Volumenprozent. Leider spielen die Rums von La Favorite im deutschsprachigen Raum eine untergeordnete Rolle und werden dort selten angeboten. Webseite: http://www.rhum-lafavorite.com

Galion

Angeschlossen an die große Zuckerfabrik wird hier kein Rhum agricole, sondern Rum traditionel aus Melasse erzeugt. Rums dieser Brennerei sind selten in Deutschland auf dem Markt anzutreffen. Webseite (französisch): http://www.legalion.eu

Trois Rivières

Die 1660 gegründete Brennerei gehört seit 1994 der Fima BBS, zu deren Besitz auch La Mauny gehört. 1770 wurden – nach einigen Eigentümerwechseln – drei Zuckerfabriken betrieben. Die Rumproduktion startete 1785 nach einem erneuten Eigentümerwechsel. 1905 wurde die Zuckerproduktion gestoppt und nur noch Rum produziert. Seit 1940 wird nur noch Rhum agricole aus Zuckerrohrsaft hergestellt. Nach dem Pressen des Zuckerrohrs dauert die Fermentation 24 Stunden und endet bei einem Alkoholgehalt von maximal vier bis fünf Prozent. Die Destillation auf fünfundsechzig bis siebzig Prozent Alkohol findet in Brennsäulen aus Kupfer statt.

Trois Rivières ist auf dem Markt mit einer großen Range an Rums vertreten.

Webseite: http://www.plantationtroisrivieres.com

Neisson

Die kleine Brennerei Neisson wurde 1931 gegründet und produziert neben einem weißen Rum vor allem lang gereifte Rums.
Webseite: keine

JAMAIKA

Auf dieser 240 Kilometer langen und zwischen fünfunddreißig und zweiundachtzig Kilometer breiten Insel leben 2,9 Millionen Menschen. 90 Prozent der Bevölkerung sind Nachkommen von früheren Sklaven. Die Insel lebt von Tourismus und Landwirtschaft. Die Zuckerindustrie liegt aus den bereits genannten Gründen am Boden.

J. Wray and Nephew

Die 1825 gegründete Firma hat heute 3 Güter nämlich Appleton, Holland und New Yarmouth Estates. Wray and Nephew betreiben mit dem Zuckeranbau, Zuckerproduktion, Rum und anderen Spirituosen verschiedene Geschäftsfelder. Der Kauf der Firma Appleton erfolgte im Jahr 1916. Die Rums werden unter den beiden Lables Appleton und Wray and Nephew vermarket. Die Appleton Rums werden alle auf dem Appleton Estate produziert. Der weiße Wray & Nephew's Overproof ist der meistverkaufte Overproof Rum der Welt. Im Jahre 2012 kaufte Campari die Muttergesellschaft von Wray and Nephew und ist seitdem Besitzer der Destillerie und auch von Appleton und den 2 anderen Zuckerplantagen. Webseite (englisch): http://www.jwrayandnephew.com/

Appleton

Appleton produziert die Spitze der Rums von Wray and Nephew. Die kompletten Variationen an Rums von weiß über golden zu dunkel werden hergestellt. Alle Appleton-Rums werden direkt auf dem Estate hergestellt. Nur die Lagerung erfolgt außerhalb der Plantage. Die Destillation der Rums aus Melasse erfolgt sowohl in Brennblasen als auch in Säulen-Destillationsanlagen. Die Mischung der Rums aus unterschiedlichen Brennarten ergibt enorme Möglichkeiten verschiedenartige Rums herzustellen.

Webseite (englisch): http://www.appletonestate.com/

Myers's Rum

Myer's ist eine Rummarke von Diageo, dem größten Spirituosenkonzern der Welt. Myer's ist ein Blend aus hundert Prozent dunklem jamaikanischen Rum, hergestellt aus jamaikanischer Melasse. Die Hauptvertriebsmärkte für Myer's sind die USA, Deutschland, Japan, Kanada und weltweiter Travel Retail (Flughäfen).

Webseite Diageo (deutsch):
http://www.diageo.com/de-de/ourbrands/
categories/spirits/Pages/Rum.aspx#myers

Weitere Destillen auf Jamaika

Die Großbrennereien Monymusk, Hampden und Long Pond produzieren alle für den Massenmarkt. Die großen Mengen der Produktion verschwinden in den Marken anderer Abfüller. Manchmal befinden sich die Brennereinamen auf kleinen Abfüllungen der unabhängigen Abfüller. Oft sind die verfügbaren Mengen aber sehr gering, da es sich dabei oft um Single Cask handelt.

PUERTO RICO

Puerto Rico gehört zu den sogenannten Außenbezirken der US-Staaten. Das bedeutet die Bewohner sind zwar Amerikaner, haben aber nicht die gleichen Rechte. Sie haben zum Beispiel für die US-amerikanische Präsidentenwahl kein Wahlrecht. Puerto Rico entspricht auch nicht einem Bundesstaat, unterliegt aber der bundesweiten Besteuerung der USA. Außenpolitisch wird Puerto Rico von den Amerikanern vertreten und es gilt der Dollar als Währung. Durch die politische Angliederung bestehen Steuervorteile für den Export in die USA. Eine lokale Vorschrift für puerto-ricanische Rums schreibt eine mindestens einjährige Lagerung in Holzfässern vor. Diese Regel gilt auch für weißen Rum aus Puerto Rico.

Bacardi

Es gelingt nur wenigen Firmen, dass ihre Marke als Synonym für eine Produktgruppe steht. Bei Bacardi ist dies gelungen. Denn statt Cola mit Rum wird weltweit Bacardi Cola bestellt. Bacardi steht für weißen und weichen, samtigen Rum.

Bacardi produzierte nicht immer auf Puerto Rico, sondern der Beginn der Firma liegt in Kuba. Dort wurde sie 1783 gegründet. Bacardi installierte im neunzehnten Jahrhundert die erste Säulendestillationsanlage in Kuba. Das war die Geburtsstunde des leichten, filigranen Rumstils auf Kuba. Die Weichheit der Rums wurde durch die erstmals bei Bacardi angewendete Methode der Filterung durch Holzkohle nach dem Brennen unterstützt. Im Jahre 1936 wurde eine Dependance in Puerto Rico gebaut, da es für den puertoricanischen Rum Steuervorteile in Amerika gab. 1958 erfolgte aufgrund der politischen Lage die vollständige Umsiedlung nach Puerto Rico. Der samtige, weiche Rumstil, der zu dieser Zeit für kubanische Rums charakteristisch war, wurde auch auf Puerto Rico beibehalten.

Heute ist Bacardi die größte Rumfabrik der Welt. Im Jahre 2003 füllte man 2,3 Millionen Fässer ab. Das ist eine beinahe unvorstellbar hohe Produktionsmenge.

Bacardi stellt seinen gesamten Rum aus Melasse her. Ein großer Teil der Melasse wird aus dem Ausland, das meiste aus der Dominikanischen Republik eingekauft. Mit eigenen selektierten Hefestämmen wird die Maische 30 Stunden kontrolliert vergoren. Gebrannt wird in einer 4-Säulenbrennanlage aus rostfreiem Stahl und Kupfer. Alle Rums – einschließlich der weißen – werden für mindestens ein Jahr in ausgebrannten Holzfässern aus amerikanischer Eiche gereift.

Für Besucher bietet Bacardi eine große Auswahl an unterschiedlichen kostenpflichtigen Führungen an.

Webseite (englisch): http://www.casabacardi.org und http://www.visitcasabacardi.com/

Serrallés

Mit der Gründung der Firma Serrallés im Jahre 1865 begann die Rumproduktion in Puerto Rico.

Serrallés produziert die Marken DonQ, Caliche und BlackBeard und ist eine der größten Rumhersteller auf der Welt. Im deutschsprachigen Raum sind zurzeit die Rums der Marke DonQ erhältlich. Ebenso wie Bacardi nimmt Serrallés Melasse als Grundlage für seine Rums. Die Melasse wird vor der Fermentation mit dem frischen Wasser des Río Inabón verdünnt. Als Starterkultur für die Vergärung wird seit über fünfundsiebzig Jahren der gleiche Hefestamm verwendet. Die Säulendestillationsanlage sorgt für körperarme, leichte Brände. Die Reifung erfolgt in Fässern aus amerikanischer Weißeiche. Auch Serrallés filtert seine Rums mit Hilfe von Holzkohle. Im Gegensatz zu Bacardi aber nicht nach dem Brennen, sondern nach der Reifung vor dem Blenden und Abfüllen. Webseite (englisch): http://www.destileriaserralles.com und http://www.donq.com

Edmundo B Fernandez

Diese kleine Brennerei produziert Rum seit 1880. Die Rums werden unter der Marke Ron del Barrilito vermarktet. Die Rums von Ron del Barrilito sind in Deutschland erhältlich, wenn auch sehr selten. Es besteht große Verwechslungsgefahr mit der Marke Fernandes, die in Trinidad hergestellt wird.

Webseite: keine

TRINIDAD UND TOBAGO

Der Staat Trinidad und Tobago besteht aus den zwei namensgebenden Inseln Trinidad und Tobago. In dem Staat leben heute über 1,3 Millionen Menschen. Seit 1962 ist Trinidad und Tobago selbstständig. Politisch ist Trinidad und Tobago eine parlamentarische Demokratie.

Neben der Landwirtschaft sind der Tourismus, Erdöl und die erdölverarbeitende Industrie die Hauptwirtschaftszweige.

Angostura Holdings Limited

Der Name Angostura ist vor allem bekannt für eine Bitterspirituose. Der bittere Kräuterlikör Angostura Bitter wurde in Venezuela in einem Militärkrankenhaus erfunden. Es sollte Heilung und Linderung für alle möglichen Tropenkrankheiten liefern. Die Zusammensetzung ist bis heute geheim, aber es soll keine Rinde des Angosturabaumes enthalten sein. Der Kräuterbitter wurde nämlich nach der venezolanischen Stadt Angostura benannt. In dieser Stadt befand sich damals auch das Militärkrankenhaus. 1875 wurden die Firma und die Produktion nach Trinidad verlegt. Mitte der zwanziger Jahre des zwanzigsten Jahrhunderts wurde dann in Trinidad eine eigene Rumfabrik für die Produktion von Angostura aufgebaut. Später vermarktete man neben Angostura Bitter auch die Rums aus der Destille.

Die Maische aus Melasse wird mit eigenen Hefen 24 Stunden vergoren. Die Destillation findet in einer mehrstöckigen 5-Säulen-Brennanlage statt. Die Rum-Marke Angostura wurde extra für den internationalen Markt kreiert und ist auf diesem sehr erfolgreich. Daneben werden vor allem für den Inlandsmarkt noch die Marken White Oak, Fernandes, Royal Oak, Forrest Park vertrieben.

Seit 1978 hält die CL Financial Group achtundsiebzig Prozent an der Angostura Holdings Limited.

Webseite (englisch): http://www.angostura.com

Caroni

Die 1918 gegründete Destille wurde leider 2002 geschlossen und produziert keinen Rum mehr.

Caroni produzierte mit einer 4-Säulenanlage Rum aus Melasse. Im Handel sind noch Caroni Rums erhältlich. Meist sind dies Abfüllungen von unabhängigen Abfüllern aus den letzten Produktionsjahren, die bis jetzt reiften und nun abgefüllt werden. Oft handelt es sich bei den Abfüllungen um Single Casks.

Webseite: keine

10 Cane

Der französische Luxus- und Spirituosenkonzern Moet Hennessy gründete 2003 auf Trinidad die neue Brennerei 10 Cane. Als Besonderheit wird keine Melasse – wie sonst auf Trinidad – sondern Zuckerrohrsaft verwendet. Das Zuckerrohr wird bei benachbarten Plantagen eingekauft. Bei 10 Cane wird nur der Saft aus der ersten Pressung benutzt. Die Dauer der Vergärung ist mit 5 Tagen eine der Längsten in der Rumindustrie. Zur Kontrolle dieser langen Fermentationszeiten wird diese in geschlossenen Tanks durchgeführt. Die Destillation findet in Brennblasen aus Kupfer statt. Die Rohbrandblase hat eine Kapazität von 12 000 Liter und man erreicht damit einen Alkoholgehalt von fünfundzwanzig bis dreißig Prozent

Alkohol. Der Feinbrand wird in einer kleineren Brennblase durchgeführt. Danach hat man etwa zweiundsiebzig Prozent Alkohol erreicht. Die  Reifung erfolgt in französischen Eichenfässern in den Lagern von Angostura.

Webseite: keine

U.S. VIRGIN ISLAND (AMERIKANISCHE JUNGFERNINSELN)

Bei den U.S. Virgin Island ist eine Inselgruppe, die sich östlich an Puerto Rico anschließt. Die drei Inseln Saint Croix, Saint John und Saint Thomas sind die wichtigsten der Inselgruppe. Die Inselgruppe ist wie Puerto Rico ein Außengebiet der USA.

Cruzan

Cruzan wird auf Saint Croix hergestellt. Da es vor Ort keine ausreichende Zuckerproduktion gibt, wird die Melasse von anderen Inseln herangeschifft. Gebrannt wird in einer 5-Säulenbrennanlage. Die Reifung erfolgt in ausgebrannten Fässern aus amerikanischer Eiche.

Webseite (englisch): http://www.cruzanrum.com/lpa

Mittel- und Südamerika

Guatemala

Guatemala liegt in Zentralamerika und hat eine Bevölkerung von über fünfzehn Millionen Menschen. Das Klima im Flachland ist tropisch. Im Hochland ist das Klima milder mit niedrigeren Temperaturen und vielen Niederschlägen. Politisch ist Guatemala eine Demokratie mit einem Mehrparteienparlament. Wirtschaftlich gesehen ist Guatemala ein sehr armes Land. Der Hauptzweig der Wirtschaft ist die Landwirtschaft mit ihren Produkten, vor allem Kaffee, Bananen, Zucker, Obst und Rum.

Botran

Diese Rums werden ebenso wie die von Zacapa von Licoreras de Guatemala hergestellt. Genau wie bei Zacapa wird keine Melasse, sondern Zuckerrohrsirup als Ausgangsprodukt verwendet. Der Brennvorgang wird in Column Stills durchgeführt. Ein Teil der Fässer wurde vorher für die Portweinreifung verwendet. Botran deckt das komplette Spektrum von weißem bis hin zum gereiften dunklen Rum ab. Der weiße Rum ist ebenfalls im Solera-System in Holzfässern gereift. Hoepage: http://www.botranrums.com/

Malteco

Malteco ist eine weitere Marke von Licoreras de Guatemala. Der Rohstoff, die Brennerei und die Lagerstätte im Hochland von Guatemala sind die gleichen. Ein Unterschied ist, dass Malteco Altersangaben auf dem Etikett angibt. Somit sind alle Rums in dem Blend mindestens so alt wie die Angaben auf dem Etikett.
Webseite: keine

Zacapa

Zacapa ist eine Marke von Industrias Licoreras de Guatemala und Diageo, dem weltgrößten Spirituosenkonzern. Die Marke ist benannt nach einer Stadt im Osten von Guatemala namens Zacapa. Grundstoff für Zacapa-Rum ist konzentrierter Zuckerrohrsaft. Auf dem Etikett wird dieser Zuckerrohrsirup als „virgin sugar cane honey" bezeichnet. Das Zuckerrohr wächst im Südwesten von Guatemala auf 350 Metern über Normal Null. Die Destillation findet in einer 1-Säulen-Anlage statt. Eine weitere Besonderheit ist die Höhe, in der die Rums reifen. In der Höhe von 2300 Meter über Normalnull ist die Temperatur kühl und die Rums reifen langsam und länger als in den wärmeren Regionen. Weiterhin reifen die Rums von Zacapa in einer Solera. Für die Solera werden Ex-Bourbonfässer und Sherryfässer verwendet. Ein Teil der Sherryfässer wurde vorher für Pedro Ximenez genutzt, eine Traubensorte, die für süßen Sherry verwendet wird.

Obwohl Deutschland nicht zu den Hauptabsatzmärkten von Zacapa gehört, sind die Rums in Deutschland sehr gut erhältlich. Die Zahlenangaben auf dem Etikett und im Namen der Abfüllung zum Beispiel Zacapa 23 sind keine Altersangaben. Im Zacapa 23 sind Rums im Alter

zwischen fünfzehn und dreiundzwanzig Jahren enthalten. Unter der Marke Zacapa werden nur gereifte braune Rums abgefüllt.

Webseite (englisch):

http://www.zacaparum.com

GUYANA

Guyana ist ein unabhängiger Staat im Nordosten von Südamerika. Guyana ist ein gutes Beispiel für die Entwicklung der Zuckerindustrie und der Rumproduktion über die Jahrhunderte. Im achtzehnten Jahrhundert gab es auf Guyana über 300 Plantagen mit eigener Zucker- und Rumproduktion. Somit gab es über 300 Brennblasen für die Produktion von Rum als Melasse. Rum aus Guyana, der nach dem gleichnamigen Fluss Demerara-Rum genannt wird, war ein Hauptbestandteil des Blends für die Royal Navy. Auf der Plantage Port Mourant wurde 1732 die Double Wooden Pot Still, eine Brennblase aus Holz installiert. Im neunzehnten Jahrhundert wurde ein großer Teil der Produktion in Fässern nach England exportiert und dort zu OVD (Old Vatted Demerara) verschnitten und vermarket. In der zweiten Hälfte des neunzehnten Jahrhunderts waren nur noch 180 Brennereien in Guyana in Betrieb. Im Jahr 1880 wurde eine hölzerne Coffey Still in der Brennerei Enmore Estate installiert.

Demerara Distillers Limited

Im Laufe des zwanzigsten Jahrhunderts wurden immer mehr Brennereien zu Demerara Distillers Limited zusammengelegt. 1980 wurde die letzte unabhängige Destille die Diamond Estate ebenfalls mit der Demerara Distillers Limited verschmolzen. Das Positive an dieser Entwicklung war, dass die Brennblasen – insbesondere die aus Holz – nicht abgerissen wurden, sondern im Mutterkonzern neu aufgebaut wurden. Die erfolgreiche Marke El Dorado wurde 1992 für Demerara-Rums eingeführt. Alle El-Dorado-Abfüllungen haben auf dem Etikett Altersangaben. Kein Rum in dem jeweiligen Verschnitt ist jünger als die Altersangabe. Im Gegenteil es ist ein Teil älterer Rums ebenfalls im Blend.
Webseite: http://demeraradistillers.com/index.php
Webseite El Dorado:
http://theeldoradorum.com/index.php

KOLUMBIEN

Dictador

Dictador wird in der 1913 aufgebauten Destille Colombiana im Norden Kolumbiens gebrannt.

Columbiana gehört zu einer der größten Zuckerfabriken der Welt. Weiterhin werden im Konzern neben Rum auch Gin, Kaffee und Zigarren hergestellt. Der Rum wird aus Rohrzuckersirup hergestellt. Das hat in Kolumbien einen ganz praktischen Grund. Laut Gesetz muss im Benzin ein Anteil an Biotreibstoff enthalten sein. Für die Gewinnung dieses Biotreibstoffes wird die gesamte Melasse benötigt, die der Biotreibstoffproduktion als Grundstoff dient. Die Rums werden zum Teil mit Altersangabe abgefüllt. Die Gins werden unter der Marke Dictador Colombian abgefüllt. Dictador-Rums sind in Deutschland im Fachhandel gut erhältlich. Webseite (englisch): http://www.dictador.com

NICARAGUA

Flor de Cana

Die Wurzeln der Rumherstellung in Nicaragua reichen bis ins Jahr 1890 zurück, als bei der San Antonio Zuckermühle in Chichigalpa die erste Rumdestille gebaut wurde. Heute ist die Rumfabrik im Besitz der Compañia Licorera de Nicaragua. Die Marke Flor de Cana – spanisch für Blüte des Zuckerrohrs – wurde 1937 gegründet.

1963 wurden für die Destillation Säulenbrennanlagen installiert.

Webseite (englisch): http://www.flordecana.com/

PANAMA

Malecon

Die Rums für die Marke Malecon werden von der Caribbean Spirits Panama Distillery hergestellt. Panama war bis zum Durchbruch der Marke Malecon auf dem Rummarkt unbekannt. Die Rums werden in der traditionellen kubanischen Art aus Melasse mit modernen Säulenbrennanlagen hergestellt. Die Besonderheit der Marke Malecon ist die Altersangabe und damit die Angabe der Reifezeit auf dem Etikett bei vielen Abfüllungen. Die Standard-Range beinhaltet zwölf-, fünfzehn-, achtzehn- und sogar einen einundzwanzigjährigen Rum. Daneben gibt es noch weitere alte Jahrgangsabfüllungen.

Webseite: keine

VENEZUELA

Die Wirtschaft Venezuelas ist stark abhängig von den Erdölvorkommen, die einen großen Teil der

Einnahmen ausmachen. Aus Venezuela kommen einige sehr bekannte Rummarken.

Cacique

Erneut eine Marke von Diageo mit dreimal gebranntem Rum aus Venezuela, der mindestens zwei Jahre in Fässern aus amerikanischer Weißeiche reift. Die größten Absatzmärkte sind Spanien und Venezuela.
Webseite von Diageo (englisch):
http://www.diageo.com/en-row/ourbrands/categories/spirits/Pages/Rum.aspx#cacique

Pampero

Im Besitz des Riesenkonzern Diageo werden diese Rums vermarktet. Alle Rums reifen für mindestens zwei Jahre in Fässern aus Weißeiche. Pampero-Rums sind in Deutschland sehr gut erhältlich, obwohl die Hauptabsatzmärkte Spanien, Italien und die USA sind.
Webseite von Diageo (englisch):
http://www.diageo.com/en-row/ourbrands/categories/spirits/Pages/Rum.aspx#pampero

Santa Teresa

Santa Teresa wurde 1796 gegründet und ist die älteste Rumbrennerei im Land. Für den Brand gibt es sowohl Brennblasen als auch Säulenanlagen. Die Lagerung findet für mindestens zwei Jahre in Fässern aus amerikanischer Weißeiche oder aus Limousin-Eiche statt.

Webseite (englisch): https://ronsantateresa.com

ANDERE LÄNDER

AUSTRALIEN

Bundaberg

Die Rumbrennerei produziert in der gleichnamigen Stadt Bundaberg im Osten von Australien im Bundestaat Queensland. Bundaberg liegt in der Mitte zwischen Sydney und Cairns. Die Geschichte von Bundaberg reicht bis ins Jahr 1888 zurück. In ihrer Geschichte wurde die Destillerie zweimal zerstört. 1907 brannte sie ab und 1936 wurde sie durch eine Explosion erschüttert. Nach der zweiten Zerstörung dauerte der Wiederaufbau 3 Jahre und der Betrieb wurde erst 1939 wieder aufgenommen. Bis 1959 wurde der gesamte Rum in Fässern verkauft. Erst danach begann die Flaschenabfüllung und der Verkauf unter der Marke Bundaberg. Im Jahre 1974 wurde erstmals die gesamte Produktion abgefüllt. Heute ist Diageo der Eigentümer von Bundaberg. Da Australien auf der Südhalbkugel liegt ist die Erntezeit in Bezug auf die Nordhalbkugel verschoben. Bundaberg stellt seine Rums aus Melasse her. Bei der sechsunddreißig Stunden langen Vergärung entstehen acht Prozent Alkohol. Der erste Brennvorgang wird in einer Column Still durchgeführt, der zweite in einer Brennblase. Dieses Vorgehen, bei dem nach einem Rohbrand in einer Säulenanlage der Feinbrand in einer Brennblase stattfindet, ist für Rum ungewöhnlich. Der zweite Brennvorgang ergibt einen Alkoholgehalt von achtundsiebzig Prozent Alkohol. Die Reifung erfolgt für mindestens 2 Jahre in Fässern aus Weißeiche aus den Appalachen. Der Heimatmarkt in Australien ist der Hauptabsatzmarkt für Bundaberg Rums. Bundaberg ist aber auch in Deutschland in auf Rum spezialisierten Fachgeschäften erhältlich. Besonders erfolgreich ist die Overproof-Abfüllung.

Webseite (englisch):
http://www.bundabergrum.com.au/
Von Diageo (deutsch):
http://www.diageo.com/de-de/ourbrands/
categories/spirits/Pages/Rum.aspx#bundaberg

DEUTSCHLAND

Deutschland ist nicht gerade das erste Land, das einem bei dem Gedanken an Rumproduktion einfällt. Das liegt unter anderem daran, dass in Deutschland kein Zuckerrohranbau möglich ist und die heimische Zuckerproduktion auf Zuckerrüben zurückgreift. Trotzdem gibt es in Deutschland in neuerer Zeit einige kleine Brenner, die auch ein Rum produzieren. Die Rumproduktion unterscheidet sich aber grundlegend von der in den zuckeranbauenden Ländern. Dort sind die Mengen des in den einzelnen Destillen erzeugten Rums sehr groß. Dafür setzt man oft Säulenanlagen, meist sogar mit mehreren Säulen oder auch große Brennblasen, ein. Die Rumbrennereien in Deutschland sind keine Fabriken, sondern es wird handwerklich in kleinen Brennblasen, die oft 400 Liter Fassungsvermögen nicht überschreiten, gebrannt. Die Brennblasen sind überwiegend für den Einsatz bei Obstbrand optimiert. Am Kopf der Brennblase ist meist eine kleine Säule, in die ein oder mehrere Lochplatten eingesetzt werden können. Diese Lochplatten erhöhen den Reflux und sorgen für einen feinen milden Brand. Der Reflux ist der Teil, der nach der Verdampfung beim Hochsteigen wieder kondensiert und in die Brennblase zurücktropft. Da im Reflux meist die schweren Moleküle enthalten sind, wird der Brand umso filigraner je höher der Reflux.

Alt Enderle

Alt Enderle aus dem Bauland im Nordosten Baden-Württembergs destilliert neben traditionellen Obstbränden, Whisky – aus selbstgemälztem Getreide – und Gin auch Rum. Die Grundlage für die Rums, die nach der Vergärung in kleinen Brennblasen gebrannt werden, ist Melasse. Gereift werden die Rums in unterschiedlichen Holzfässern unter anderem in Ex-Bourbonfässern und in über 40 Jahre alten Original-Ex-Rumfässern. Es werden zurzeit ein weißer und ein dunkler Rum hergestellt. Der weiße Rum lagert mindestens für drei Jahre in Ex-Bourbonfässern. Nach der Reifung wird er mehrmals filtriert, damit er seine Farbe von der Fasslage-

rung wieder verliert. Die Reifung im Holz und die leichte Oxidation ergeben einen sehr milden Rum.
Webseite (deutsch):
http://www.alt-enderle-brennerei.de/

Simon's Rum

Die einst auf Obstbrand spezialisierte Brennerei in Franken brennt heute zusätzlich Whisky, Gin und auch einen Rum. Es wird soweit wie möglich ökologisch gearbeitet. Deshalb werden auch die Brennblasen mit Holz beheizt. Die verwendete Melasse ist biozertifiziert. Der Transport der Melasse erfolgt auf einem Segelschiff und ohne CO_2-Ausstoß. Die Reifung erfolgt in Fässern aus einheimischer Spessarteiche.
Webseite (deutsch):
http://feinbrenner.eu/rum/simons-rum/

Spreewald Brennerei

Auch die Spreewald Brennerei brennt seit einigen Jahren eigene Rums. Zum großen Teil wird bio-zertifizierte Melasse verwendet. Die Melasse kommt aus den unterschiedlichsten Herkunftsländern. Neben den selbstgebrannten Rums wird auch Rum aus klassischen Rum-Ländern in den eigenen Lager-hallen gereift, abgefüllt und vermarket.
Webseite (deutsch):
http://www.spreewaldbrennerei.de/

INDIEN

Gemessen an dem durchschnittlichen Pro-Kopf-Verbrauch ist der Alkoholgenuss in Indien gering, insbesondere da viele Religionsgruppen keinen Alkohol trinken. Der Alkoholgenuss in Indien steigt aber in den letzten Jahren stark an. In der Summe ist der Alkoholverbrauch durch die große Bevölkerung von Indien sehr hoch. Die Haupt-spirituose in Indien ist zwar Whisky, aber der Rum spielt keine unbedeutende Rolle.

Amrut

Bekannt ist die indische Brennerei für ihren indi-schen Whisky, insbesondere für ihre Single Malts aus gemälzter Gerste. Neben den Whiskys wird aber auch Rum unter der Marke Amrut gebrannt. Da Amrut aufgrund seiner Whiskys in Deutschland relativ bekannt ist, sind auch die Rums hier gut erhältlich.

Webseite (englisch):

http://www.amrutwhisky.co.uk

Old Monk

Die Rums von Old Monk sind in Deutschland nicht so bekannt, aber trotzdem ist Old Monk eine der weltweit meist verkauften Rummarken. Old Monk ist eine Marke des indischen Mischkonzern Mohan Meakin Limited. Die Wurzeln dieser Firma gehen auf die Gründung einer Bierbrauerei 1855 zurück. Neben den Spirituosen Rum, Whisky und Gin werden im Konzern auch Bier gebraut und Lebensmittel produziert. Die Marke wurde erst in den sechziger Jahren des vorherigen Jahrhunderts eingeführt und ist noch sehr jung. Old Monk Rums sind aus Melasse und werden in Ghaziabad gebrannt. Die Rums von Old Monk werden mit 42,8 Prozent Alkohol abgefüllt.

Webseite: keine

INDONESIEN

Don Papa

Dabei handelt es sich um eine sehr junge Rum-
marke aus Indonesien. Die Informationen über
die Produktion sind sehr gering. Er soll als soge-
nannter „small batch" nur in kleinen Mengen hergestellt werden. Das Zuckerrohr kommt komplett
von der Insel Negros. Die Lagerung erfolgt in Fässern aus amerikanischer Eiche. Es gibt für Don
Papa einen Importeur für Deutschland. Deshalb
ist der Rum in Deutschland gut erhältlich.
Webseite (englisch): http://www.donpaparum.com

KANARISCHE INSELN (SPANIEN)

Vor der Entdeckung der Karibik wurde schon
Rohrzucker auf den Kanaren angebaut. Durch die
Zuckerkrise ist der Anbau zurückgegangen. Die
Haupteinnahmequelle der Kanaren ist der Touris-
mus.

Arecuhas

Die Firma produziert neben Rum auch andere
Spirituosen und Liköre. Die Rumproduktion

begann im Jahr 1884. Im über hundert Jahre alten Keller liegen über 6000 Fässer zur Reife. Durch den Tourismus kommen viele Menschen mit diesem Rum in Kontakt.

Webseite (deutsch): http://www.arehucas.es/

LA RÉUNION

La Réunion liegt im Indischen Ozean und ist wie die Karibikinseln Martinique und Guadeloupe ein Teil Frankreichs. Die Insel hat weniger als eine Million Einwohner. Wichtigster Wirtschaftszweig ist immer noch die Landwirtschaft neben Früchten aber auch Zucker und Rum. Von den vielen Brennereien sind nur noch drei Stück auf Réunion aktiv.

Isautier

Isautier ist die kleinste der drei Brennereien auf Réunion. Sie produziert nur 4000 Hektoliter Rum pro Jahr. Weiterhin wird nur Rum traditionnel aus Melasse gebrannt. Die erste Säule für die

Destillation hat 21 Böden, während die zweite 18 Bodeneinsätze hat.

Webseite (französisch): http://www.isautier.com

Rivière du Mat

Rivière du Mat ist der älteste und größte Rumproduzent von La Réunion. Der Exportanteil beträgt über fünfundachtzig Prozent. Das Angebot an unterschiedlichen Rums ist riesig. Es werden sowohl Rhum agricole als auch Rum traditionnel produziert. Destilliert wird in einer 3-Säulenanlage.

Webseite (französisch):
http://www.rivieredumat.com

Savanna

Die Savanna Distillery stellt sowohl Rhum agricole aus Zuckerrohrsaft als auch Rum traditionnel aus Melasse her. Gebrannt wird in einer Säulenanlage aus Kupfer. Die Rums traditionnel werden in großen Holzfässern mit 20 000 bis 34 000 Liter Fassungsvermögen für sechs bis zwölf Monate gelagert. Savanna produziert große Mengen für andere Abfüller. Ein Großteil dieser Rums geht an Abfüller in Frankreich und in andere Teile der

Europäischen Gemeinschaft. Der Export-Anteil an der Gesamtproduktion beträgt über achtzig Prozent. Die Produktionsmenge beträgt zehn Millionen Liter Rum pro Jahr. Während der Produktionszeit von Juni bis November wird 7 Tage in der Woche jeweils 24 Stunden gearbeitet. Da La Réunion ein Teil der Europäischen Gemeinschaft ist, gibt es den Rum in vielen gut sortierten Fachgeschäften.

Webseite (französisch):
http://www.distilleriesavanna.com

Nepal

Für Nepal gilt zum Alkoholkonsum das zu Indien Gesagte. Nepal ist eines der ärmsten Länder der Welt und der wichtigste Wirtschaftszweig ist der Tourismus.

Khukri

Diese Marke ist nach dem traditionellen gekrümmten Messer der Gurkhas benannt Der Eigentümer der Marke ist die Nepal Distillery Pvt. Ltd. (NDPL), Nepals führende Spirituosenfirma. Eingeführt in den Markt wurde die Marke

1959. Der Rum wird in der Nähe von Katmandu aus Melasse in einer 3-Säulenanlage gebrannt. Er hat in Nepal einen Marktanteil von achtzig Prozent. Bei einigen Spezialhändlern ist er auch in Europa erhältlich.

Webseite (englisch): http://www.khukrirum.com/

EIGENE NOTIZEN

Die Abfüller

A. D. Rattray

Ein schottischer Abfüller für Whisky, der in unregelmäßigen Abständen auch Single Casks von Rum abfüllt. Die Abfüllungen von A.D. Rattray haben ein sehr gutes Preis/Leistungsverhältnis. Sie werden ohne Farbstoff, nicht kühlfiltriert und meist in Fassstärke abgefüllt. Da auch auf Süßung verzichtet wird, sind Rums von A.D. Rattray eine gute Gelegenheit, im Vergleich mit anderen Rums festzustellen, wie sich die Süßung auf den Geschmack bzw. den Körper eines Rums auswirkt. Da es sich bei den Single Casks oft um Ex-Bourbon-Fässer mit nur 200 Liter Fassungsvermögen handelt, sind die Abfüllungen stark limitiert und schnell ausverkauft.

Webseite (englisch): http://www.adrattray.com/

Alambic Classique Collection

Ein unabhängiger Abfüller für Whisky und Rum mit Sitz in Bad Wörishofen in Bayern. Alambic Classique Collection füllt ebenfalls Single Casks ohne Farbstoff und ohne Süßung mit 45 Prozent Alkohol ab. So weit wie möglich erfolgt die Nennung der Destille. Es gibt auch viele Abfüllungen

von Brennereien, die keine oder wenige Originalabfüllungen besitzen.
Webseite (deutsch):
http://www.alambic-classique.com/

Berry Bros. & Rudd

Auch dieser britische unabhängige Abfüller füllt
neben erstklassigen Single Malts verstärkt auch
Rums ab. Ohne Farbstoff und Süßung werden
diese Rums nicht kühlfiltriert mit sechsundvierzig
Prozent Alkohol abgefüllt. Auch diese Rums sind
vor allem im Whiskyhandel erhältlich.
Webseite (englisch): http://www.bbr.com/

Bristol

Bekannte englische Firma aus Bristol, die Rums
unter gleichen Namen abfüllt. Manche Fässer
werden in ihrer Heimat gelagert, der
andere Teil im Gewölbekeller in
Bristol. Eine Abfüllung besteht aus
wenigen Fässern, meist drei bis vier.
Deshalb wechselt das Angebot an
Rums ständig. Außerdem wurde in
letzter Zeit begonnen mit verschiede-
nem Finishing zu experimentieren.

Dazu werden die Rums vor der Abfüllung nochmals kurz für zwei bis drei Monate in einem speziellen Fass zum Beispiel Ex-Madeira, Ex-Sauter-
nes oder Ex-Marsala gelagert.

Webseite (englisch): http://www.classicrum.com

Captain Morgan

1945 wurde Captain Morgan durch den Spirituosenkonzern Seagram ins Leben gerufen. Gleichzeitig
erwarb Seagram die Long Pond Rumbrennerei auf
Jamaika. Die Marke Captain Morgan vertreibt
heute weniger Rum, sondern vor allem Spiced
Rums. Die Hauptmärkte für Captain Morgan sind
die USA, Kanada, Großbritannien, Südafrika und
der Global Travel. Heute ist die Marke im Besitz von
Diageo. Die Rums für Captain Morgan werden
sowohl auf Jamaika als auch auf Puerto Rico erzeugt.
Webseite (deutsch):

http://www2.captainmorgan.com/de-de/

CADENHAED

Der älteste unabhängige Abfüller für schottischen
Whisky. Die Firma ist im Besitz von J. & A. Mit-
chell, zu deren Besitz auch die legendäre Spring-

bank Whiskydestillerie gehört. Cadenhead füllt neben Single Malt Whisky auch Single Cask Rums ab. Durch die Verbindung der Firma zum Whiskyhandel sind die Rums von Cadenhead bei gut sortierten Whiskyhändlern im Angebot. Webseite (englisch): http://www.wmcadenhead.com/

DUNCAN TAYLOR

Duncan Taylor ist als unabhängiger Abfüller für Whisky bekannt. In kleineren Mengen werden auch Rums abgefüllt. Diese Abfüllungen sind oft Single Casks, die ohne Farbstoff, nicht kühlfiltriert und meist in Fassstärke abgefüllt werden. Ebenso verzichtet Duncan Taylor auf den Zusatz von Süßung. Webseite (englisch): http://www.duncantaylor.com/

Gosling's

Die Rums von Gosling's Brother Limited werden auf den Bermudas abgefüllt. Es gibt dort fast kein Zuckerrohr sowie keine Zuckerfabrik und keine Rum-Destille. Trotzdem steht Gosling's für Rum aus Bermuda. Seit dem neunzehnten Jahrhundert füllt die Familie Gosling Rum auf den Bermudas ab. Der Black Seal ist der bekannteste Rum aus dem Sortiment von Gosling's. Erhältlich sind die Rums in Deutschland vor allem in Fachgeschäften.

Webseite: http://www.goslingsrum.com/

Hinricus Noyte's Spirituosen GmbH Wismar

Die kleine Brennerei in Wismar im Norden Deutschlands hat ebenfalls einen Rum im Angebot. Der Rum ist zu 100 Prozent aus Jamaika und wird von der Firma importiert und abgefüllt. Der Rum wird unter dem Namen Pagagoyen vermarktet und mit vierzig Volumenprozent abgefüllt. Der Name erinnert an die Papagoyen-Gesellschaft aus dem vierzehnten Jahrhundert, deren Wappentier ein Papagei war.

Webseite (deutsch): http://www.hinricusnoyte.de

Lemon Hart

Die Marke Lemon Hart wurde Anfang des neunzehnten Jahrhunderts durch die gleichnamige englische Firma eingeführt. Lemon Hart wurde zum Rumlieferant für die Royal Navy. Heute ist

Lemon Hart im Besitz einer kanadischen Firma. Die Abfüllung der Rums wurde aus diesem Grund nach Kanada verlegt. Lemon Hart füllt wie früher die Demerara-Rums im traditionellen Stil ab. Seit 2010 gibt es wieder einen Importeur für Deutschland und der Rum ist deshalb hier auch erhältlich. Webseite (englisch): http://www.lemonhartrum.com/

Oliver & Oliver

Die Firma Oliver & Oliver mit Sitz in der Dominikanischen Republik ist für eine Reihe von erfolgreichen Rummarken verantwortlich. Die Hauptmarken sind Cubaney, Quorhum, Puntacana. Alle diese 3 Marken sind international sehr erfolgreich und auch in Deutschland erhältlich. Webseite (spanisch): http://www.oliveryoliver.com/

PLANTATION

Das Cognac-Haus Maison Ferrand füllt seit vielen Jahren Rums mit extrem guten Ruf und Qualität unter dem Namen Plantation ab. Die Rums werden meist unter der Herkunftsangabe und mit Altersangabe abgefüllt. Die Beschreibung der

Rums gibt weitere Infos über die Destillierart und Reifung. Plantation hat für die Reifung ein spezielles Konzept, das von der Destillerie „Double-Ageing" genannt wird. Dabei reifen die Rums zuerst im warmen und feuchten Klima  ihrer Herkunftsländer. Nach dieser Reifung werden sie in ihrer natürlichen Fassstärke nach Frankreich importiert. Dort reifen sie abermals für mehrere Monate – manchmal länger als ein Jahr – in kleinen Ex-Brandyfässern. Danach erfolgt die Abfüllung, meist auf Trinkstärke verdünnt. Webseite (deutsch): http://www.plantationrhum.com/de

Pott

Der Pott-Rum ist in Deutschland beinahe in jedem Supermarkt, Tankstellenmarkt und C&C Markt erhältlich. Der Pott – mit dem Beinamen der Gute Pott – wurde nach dem zweiten Weltkrieg zum meist verkauften Rum in Deutschland. Diese Marke mit seinem günstigen Preisniveau hat über Jahrzehnte den Rummarkt in Deutschland bestimmt. Der Pott war die gute Wahl für Grog, Feuerzangenbowle und sonstige Mischgetränke. Neben der vierzigprozentigen Variante gibt es noch die alkoholstärkere Variante mit vierundfünfzig Prozent. Die Werbung war noch in den siebziger Jahren in Funk und Fernsehen sehr häufig. Der Beiname der Gute Pott war ein geflügeltes Wort. Leider gibt es keinerlei Angaben über die Zusammensetzung des Potts, außer dass es sich um Übersee Rums handelt. Aus welchen Ländern oder Regionen ist unbekannt, ebenso das Alter. Auch darüber welche Rum-Typen verwendet werden, gibt es keine Angaben. Wie früher wird auch heute der Pott Rum in den seltensten Fällen pur genossen, sondern als Grundlage für Mixgetränke verwendet. Mehr ist für den günstigen Preis wahrscheinlich auch nicht zu erwarten. Webseite (deutsch): http://www.pott.de

Pusser's Rum

Seit 1979 ist der Pusser's Navy Rum für die Allgemeinheit verfügbar. Vorher war der Rum nur der englischen Marine vorbehalten.

Die Ausgangsrums werden in Guyana in hölzernen Brennblasen destilliert. Hölzerne Brennblasen verhalten sich vollkommen anders als Brennblasen aus Kupfer. Die Wärmeleitfähigkeit von Holz ist viel geringer als die von Metall und außerdem absorbiert Holz die schweren Aromastoffe und Ester und gibt diese bei späteren Brennvorgängen wieder ab. Der Brand in Brennblasen aus Holz ist ineffektiver und verursacht höhere Kosten. Die Pusser's Navy Rums haben einen hohen Anteil an Ester und an verwandten Stoffen. Die Lagerung erfolgt in Holzfässern. Dem Pusser's Rum werden nach eigenen Angaben keine Aromastoffe und kein Zucker beigemischt.

Webseite (englisch): http://www.pussers.com/

SECRET TREASURE

Sehr bekannter und aktiver unabhängiger Abfüller. Neben Rum, werden auch Whisky, Gin, Bitters und Fruchtbrände abgefüllt.

Webseite (englisch): http://thesecrettreasures.com

Mixgetränke mit Rum

Cocktails

Cuba Libre

Cuba Libre ist ein bekannter Long Drink auf Rumbasis. Für Cuba Libre werden nur wenige Zutaten benötigt.

4 cl Rum
Einige Spritzer von Limetten oder Limettensaft
10 cl Cola

Traditionell wird für Cuba Libre als Rum der Havana Club 3 Jahre verwendet.

Am Anfang wird Eis ins Glas gegeben, dann wird der Rum mit dem Saft der Limette (Menge je nach persönlichem Geschmack) hinzugegeben. Die Mischung wird vorsichtig mit dem Barlöffel umgerührt. Danach wird die Cola zugegeben und fertig ist der Cuba Libre.

DAIQUIRI

Der Shortdrink Daiquiri gehört in die Klasse der Sours. Die Gruppe der Sour Cocktails besteht aus einer Spirituose, Zitronen- oder Limettensaft und Zucker. Der Daiquiri ist nach einer kubanischen Stadt benannt. Das Mischungsverhältnis der 3 Zutaten ist individuell und hängt von der Rummarke und Süße des Sirups ab.

Hier ein Standardrezept, das aber individuell abgewandelt werden kann:

5 cl weißer Rum
3 cl Limettensaft
2 cl Läuterzucker

Alle Zutaten in einem Shaker mit Eis mischen und in ein vorgekühltes Glas ohne Eis abseihen.

LONG ISLAND ICE TEA

Der Long Island Ice Tea ist keineswegs ein Tee, sondern ein Longdrink. Basis sind verschiedene Spirituosen und Cola.

2 cl Gin
2 cl Wodka
2 cl weißer Rum
1 cl Triple sec
2 cl Zitronensaft
4 cl Cola

Alle Zutaten in ein Longdrink-Glas mit Eis geben und mit dem Barlöffel umrühren.

LUMUMBA

Lumumba ist heißer oder kalter Kakao mit einem Schuss dunklen Rum. Besonders geeignet ist ein körperreicher Rum zum Beispiel aus Guyana oder Jamaika. In manchen Rezepten kommt zusätzlich oben  noch geschlagene Sahne hinzu. Der Lumumba wird in einer Tasse zubereitet. Die Menge des Rums hängt vom persönlichen Geschmack ab.

MAI TAI

Für den Mai Tai gibt es eine Vielzahl von unterschiedlichen Rezepten. Wir haben hier das Originalrezept von Victor Bergeron, der diesen Cocktail 1944 erfunden hat. Ursprünglich wurde für den Mai Tai ein 17-jähriger Rum von Wray & Nephew aus Jamaika verwendet. Dieser Rum wird leider nicht mehr produziert und ist deshalb nicht mehr erhältlich. Als Alternative bieten sich andere gereifte Rums von Wray & Nephew oder von der Tochter Appleton an.

6 cl Jamaika Rum
2 cl Curaçao Orange
1 cl Mandelsirup
1 cl Zuckersirup
2 cl frisch gepresster Limettensaft

MOJITO

Der Mojito ist ein Longdrink. Im Cocktailbereich werden Drinks mit einem großen Volumen als Longdrink bezeichnet.

Der Mojito besteht aus folgenden Zutaten:

5 cl weißer Rum
3 cl Limettensaft
2 Barlöffel Rohrzucker
Soda Wasser
frische Minzeblätter

Die Minze in ein hohes Longdrink-Glas geben, Zucker und den Limettensaft hinzufügen und umrühren, damit sich die Minze entfalten kann und der Zucker aufgelöst wird. Ein wenig ziehen lassen und mit Crushed Ice ins Glas geben und Sodawasser aufgießen.

PINA COLADA

Pina Colada ist ein bekannter cremiger Cocktail mit weißem Rum. Im Original wird Pina Colada mit Cream of Coconut bereitet.
Für Pina Colada benötigt man folgende Zutaten:

4 cl weißer Rum
3 cl Cream of Coconut
10 cl Ananasaft.

Alle Zutaten zusätzlich mit Crushed Ice in einem elektrischen Blender mixen und in einem Longdrink-Glas servieren. In manchen Rezepten wird zusätzlich noch 2 cl Sahne hinzugegeben. Das macht den Pina Colada cremiger und geschmacklich milder.

Oft wird auch die Cream of Coconut durch Kokossirup und Sahne ersetzt. Bei dieser Variante kann der Pina Colada auch in einem Shaker zubereitet werden. Dies ist bei Verwendung von Cream of Coconut wegen der Konsistenz der Kokosnusscreme nicht möglich.

PLANTER'S PUNCH

Der Begriff Planter ist Englisch und bedeutet übersetzt Pflanzer, Plantagenbesitzer. Während der Planter's Punch heute meist als Longdrink zubereitet wird, war er ursprünglich ein Punsch, der in einem großen Gefäß zum Ausschöpfen angerührt wurde. Der Planter's Punch wird mit Eis angerichtet. Für den Planter's Punch gibt es sehr viele Versionen und Abwandlungen.

Eine Möglichkeit ist folgende:

*3 cl brauner Rum
(meist aus Jamaika)
3 cl weißer Rum
2 cl Zitronensaft
1 cl Grenadinesirup
1 cl Zuckersirup
8 cl Ananassaft*

Alle Zutaten mit Eis in den Shaker geben und durchschütteln. Danach in ein mit Eiswürfeln gefülltes Longdrink-Glas abseihen.

Wer mag kann gerne durch ein paar Spritzer Angostura eine kleine Bitternote beifügen.

FEUERZANGENBOWLE

Die Feuerzangenbowle ist das Kultgetränk der fünfziger bis weit in die siebziger Jahre des letzten Jahrhunderts, das durch die Retrokultur eine kleine Renaissance erlebt. Es handelt sich trotz des Namens keineswegs um eine Bowle, sondern um einen Punsch. Der Name kommt von einer Art Zange, die über den mit Rotwein gefüllten Topf gelegt wird. Auf diese Zange legt man den Zuckerhut, übergießt diesen mit Rum und zündet den Rum an. Der Rum sollte mindestens fünfzig Prozent Alkohol haben, damit dieser bei Zimmertemperatur brennt. Meist wird Rum mit vierundfünfzig Prozent verwendet. Besser wäre aber ein Rum mit noch höherem Prozentanteil Alkohol. Dadurch wird die Temperatur beim Abbrennen höher und der Zucker karamellisiert, während er sonst nur schmilzt und in die Flüssigkeit tropft. Die Karamellisierung des Zuckers ist aber für den außergewöhnlichen Geschmack verantwortlich. Die Flüssigkeit im Topf besteht aus zwei bis drei Litern Rotwein mit Nelken, Zimt(stange) und Orangen- oder Zitronenzesten. Regional unterschiedlich werden noch weitere Zutaten wie zum Beispiel Orangen-, Mandarinenstücke oder auch Likör beigefügt. Die Feuerzangenbowle ist vor allem ein Getränk für die kalten Tage im Winter und wurde bei vielen Familien traditionell an Silvester zubereitet.

GROG

Grog ist ein Heißgetränk mit Rum. In Deutschland wird Grog vor allem an der Küste und in Norddeutschland getrunken. Im Binnenland ist

Grog weitgehend unbekannt. Für Grog wird heißes Wasser mit Zucker und Rum im beliebigen Verhältnis gemischt. Meist Wasser zu Rum im Verhältnis 4 zu 1 oder 5 zu 1. Das Mischungsverhältnis ist natürlich auch abhängig vom Alkoholgehalt des Rums.

RUMTOPF

Der Rumtopf macht es möglich, Früchte über längere Zeit zu konservieren. Die Früchte werden mit Zucker in ein Gefäß – meist ein Steingutopf – eingefüllt und mit Rum übergossen. Die Früchte müssen immer vollständig mit Rum bedeckt sein. Rum mit vierundfünfzig Volumenprozent eignet sich für den Rumtopf am besten. Der Rumtopf kann im Laufe des Jahres je nach Reife der Früchte immer erweitert werden. Besonders eignen sich: Beerenfrüchte, Kirschen, Pflaumen, Aprikosen und ähnliche Früchte. Der Rumtopf kann sowohl für Mischgetränke als auch zu Eis und Desserts gereicht werden.

MEINE EIGENEN LIEBLINGSREZEPTE MIT RUM

_____

_____

_____

_____

_____

_____

_____

_____

_____

_____

_____

_____

Wo bekomme ich Rum?
Einkaufsmöglichkeiten

Die Auswahl an guten Einkaufsmöglichkeiten für Rum ist in Deutschland noch immer bedeutend schlechter als für Whisky. Wenn man spezielle und limitierte Rums sucht, muss man einen großen Aufwand betreiben, um die gesuchte Flasche zu finden. Der Rum hat gegenüber dem Whisky aber zurzeit einen enormen Preisvorteil. In den letzten Jahren sind die Preise für Whisky – aufgrund der hohen Nachfrage weltweit – sehr stark gestiegen. Durch die gesunkenen Lagerbestände ist ein weiteres Steigen der Preise für Whisky zu erwarten. Das lässt für die Zukunft erwarten, dass noch mehr Whiskyfreunde sich auch aus preislichen Gründen mehr für Rum interessieren werden.

LOKALE HÄNDLER

Auf Rum spezialisierte Händler sind noch extrem selten in Deutschland. Aber immer mehr Spirituosen- und Whiskyhändler bauen ihr Sortiment an Rum auf oder weiter aus. Je nach Lage, Umsatzanteil am Rum am Gesamtgeschäft und Geschäftsmodell können die Preise von Geschäft zu Geschäft stark variieren. Dafür gibt es bei vielen lokalen

Händlern mit einem Ladengeschäft oftmals die Möglichkeit Rum vor dem Kauf zu probieren. Oft besteht auch die Möglichkeit, sich mit dem Händler fachlich auszutauschen. Für Stammkunden sind viele Händler auch bereit, bestimmte limitierte Flaschen zu reservieren oder nicht im Sortiment enthaltene Sorten für den Kunden zu besorgen.

SUPERMÄRKTE

Die Supermärkte in Deutschland haben im Allgemeinen nur ein sehr begrenztes Angebot an Rums. Meist sind es die einfachen Qualitäten der norddeutschen Markenabfüller zum Beispiel Pott, Johannsen Rum, Asmussen und Andresen. Weiterhin werden Rums der drei großen Marken Bacardi, Havanna und Captain Morgan im Sortiment geführt. Andere Rums werden selten im Supermarkt angeboten.

INTERNETHÄNDLER

Im Internet findet man sowohl auf den Internethandel spezialisierte Anbieter als auch viele lokale

Händler, die zusätzlich zum Ladengeschäft das Internet nutzen.

Ebenso wie bei den lokalen Händlern gibt es bei den Internetanbietern große Strukturunterschiede. Einige haben ein riesiges Angebot, andere haben sich auf besondere Themen, zum Beispiel bestimmte unabhängige Abfüller, eine Destillerie oder auch Raritäten und Sammlerflaschen, spezialisiert.

Das Internet ist für Rumliebhaber, die ihren Geschmack und ihre Vorlieben kennen, eine gute Einkaufsgelegenheit. Der Vorteil beim Einkauf im Internet ist der leicht mögliche Preisvergleich und die teilweise etwas günstigeren Preise. Viele Internethändler informieren ihre Kunden mit so genannten Newslettern per E-Mail über ihre speziellen Angebote.

INTERNETAUKTIONEN

In den letzten Jahren ist das Angebot an Rum in den bekannten Internetauktionshäusern angestiegen. Es ist aber parallel die Möglichkeit gesunken, Schnäppchen zu ergattern, da ein Großteil der angebotenen Auktionen inzwischen von Händlern eingestellt wird. Da Händler darauf angewiesen sind, Gewinn zu erzielen, entsprechen die Endpreise solcher Auktionen oft dem Marktpreis.

Manchmal stellen sich die vermeintlichen Schnäppchen als große Enttäuschung dar. Man sollte die Beschreibungen sehr genau studieren, denn manchmal werden zum Beispiel nur die Originalkartons ohne Inhalt, kleine Flaschen oder sogar nur Samples angeboten. Ein gesundes Misstrauen ist bei der Teilnahme an diesen Auktionen angebracht. Vor dem Bieten ist es ratsam, die Bewertungen des Anbieters zu überprüfen und bei Zweifeln besser vom Gebot Abstand zu nehmen. Falls der Anbieter in der Nähe wohnt, kann man bei Selbstabholung die Flaschen vor der Bezahlung prüfen. Da bei den Auktionen meist Vorkasse vereinbart ist, liegt das größere Risiko eindeutig beim Käufer.

Außerdem sollte man darauf achten, dass man seine Emotionen im Griff hat und sich nicht in der allgemeinen Euphorie hinreißen lässt, mehr zu bieten, als man ursprünglich geplant hatte.

SPIRITUOSENMESSE

Ausgesprochene Rummessen gibt es in Mitteleuropa leider noch nicht sehr viele. Die bekannteste ist das German Rum Festival in Berlin. Aber bei vielen Whisky- und Spirituosenmessen sind auch Rumhändler vertreten. Außerdem präsentieren auch viele Whiskyhändler und auch andere Spirituosenhändler auf diesen Messen neben ihrem Hauptprogramm auch ihre Rumauswahl. Diese Messen bieten eine hervorragende Möglichkeit, sich über Neuigkeiten zu informieren und sich mit anderen über das Lieblingsthema Rum auszutauschen. Die Möglichkeit der vorherigen Verkostung ist ein großer Vorteil beim Einkauf auf Messen. Insbesondere bei teuren Flaschen ist es sinnvoll, diese vor dem Erwerb zu probieren, um keine Enttäuschung zu erleben.

DIREKT BEI DER DESTILLE

Natürlich ist es keine Alternative wegen weniger Flaschen Rum extra in die Karibik zu fliegen. Da aber immer mehr Menschen auch in der Karibik und in anderen rumproduzierenden Ländern Urlaub machen, ist es eine gute Möglichkeit die Gelegenheit für eine Brennereibesichtigung zu nutzen. Ebenso kann man direkt ab Brennerei oder bei Händlern vor Ort Flaschen kaufen, die man zuhause nicht bekommen kann. Der Besuch der Brennerei und der Einkauf vor Ort bieten sich natürlich auf alle Fälle für Brennereien in Deutschland oder im benachbarten Ausland an.

Rum als Hobby

Mit der längeren und ausgiebigen Beschäftigung werden viele vom gelegentlichen Rumgenießer zum Rumliebhaber. Mit dem gesteigerten Interesse an Rum wünscht man sich einen Austausch mit Gleichgesinnten. Die ersten Ansprechpartner dafür sind Freunde und Bekannte, mit denen man sich fachlich austauschen, gemeinsam Rum verkosten und private Tastings veranstalten kann. Nicht jeder hat aber in seiner persönlichen Umgebung Rumliebhaber. Für regionale und überregionale Treffen und fachliche Diskussionen bietet heute – neben der Möglichkeit von Clubabenden und Messen – das Internet sehr viele Möglichkeiten.

CLUBS, VEREINE UND STAMMTISCHE

Mit der steigenden Anzahl an Ruminteressierten steigt auch die Möglichkeit in der Region Gleichgesinnte zu treffen und sich gemeinsam dem Hobby zu widmen. Der Organisationsgrad ist sehr unterschiedlich. Es gibt sowohl Vereine mit Satzung, Beitrag und allem anderen, was einen Verein auszeichnet als auch Stammtische, die sich entweder regelmäßig oder zu bestimmten vorab abgesprochenen Terminen treffen. Leider gibt es noch sehr wenige solcher Organisationen im deutschsprachigen Raum, da Rum noch nicht den Stellenwert hat, den Whisky schon erreicht hat. Da auch viele Whiskytrinker gerne über den Tellerrand hinausschauen, gibt es in einigen Whiskyclubs auch Rumliebhaber. Einige dieser Clubs räumen innerhalb ihrer Treffen verstärkt auch Rum einen Platz ein. Falls die Anzahl der Rumliebhaber aber weiter steigt, wird dies auch zu einer vermehrten Gründung von speziellen Rumclubs führen.

SOZIALE NETZWERKE

Durch das Internet sind die Informationen über Rum und auch die Möglichkeit, sich über Rum in sozialen Netzwerken auch über große Entfernungen auszutauschen, gestiegen. Die Seiten im Internet mit Informationen sind vielfältig. Viele Brennereien, Rumhändler und auch Ruminteressierte haben Infos über Rum im Allgemeinen, über spezielle Rums oder Verkostungsnotizen ins Netz gestellt. Für die Kommunikation und den Austausch unter den Rumliebhabern bieten soziale Netzwerke, wie zum Beispiel Facebook, unter anderem Rumforen.

MESSEN

Auf Rum spezialisierte Messen sind im deutschsprachigen Raum noch nicht so zahlreich. Das größte Event für Rum ist zurzeit das jährlich stattfindende German Rum Festival in Berlin. Aber mit dem steigenden Interesse an Rum ist zu beobachten, dass immer mehr Spirituosen- und Whiskymessen dem Thema Rum Platz einräumen. Ebenso nutzen immer mehr Aussteller bei den Messen die Gelegenheit, an ihren Ständen verstärkt auch Rum zu platzieren und zur Verkostung anzubieten.

SAMPLES

Als Rumfan möchte man aus verständlichen Gründen möglichst viele verschiedene Rums probieren. Wenn man nun jeden Rum, den man mal probieren möchte, kaufen würde, wäre das mit einem hohen Geldeinsatz verbunden. Außerdem ist eine riesige Anzahl von geöffneten Flaschen ebenfalls nicht sinnvoll. Eine Möglichkeit diese Probleme zu vermeiden, ist die Möglichkeit Samples zu kaufen oder zu tauschen. In vielen sozialen Netzwerken bieten Rumliebhaber dies an. Dafür werden die Samples in zwei, vier oder fünf Zentiliter-Flaschen umgefüllt. Diese Samples können auch mit der Post verschickt werden. Dieser Austausch ergibt eine Win-win-Situation. Der Samplegeber bekommt einen Teil seiner Investition zurück und die Flaschen leeren sich schneller. Der Samplekäufer erhält die Möglichkeit, neue Rums kostengünstig zu probieren. Dies ist für beide Seiten umso interessanter, je teurer und interessanter die Rums sind.

TASTING

Bei einem Rum-Tasting werden an einem Abend mehrere Rums vorgestellt und probiert. Für einen Anfänger eignen sich vor allem Einstiegs-Tastings, bei denen anhand von verschiedenen Rums deren Vielfalt und Beschaffenheit vorgestellt wird. Wenn der Organisator eines solchen Tastings innerhalb der Veranstaltung Informationen zu Rum im Allgemeinen, Herstellung und Lagerung sowie Besonderheiten der speziell in diesem Tasting verkosteten Rums vermittelt, kann dies ein sehr schöner Einstieg in die Welt des Rums sein. Auch für fortgeschrittene Rumkenner gibt es Tastings, die sich mit einem speziellem Thema zum Beispiel Rum eines Landes, einer Brennerei oder lange gereiften Rums beschäftigen.

Tastings werden sowohl von Rumhändlern als auch Bars angeboten.

Eine weitere kostengünstige Möglichkeit für Sie ist ein Tasting selbst zu organisieren und Freunde und Rumliebhaber einzuladen. Ein gelungenes Tasting erfordert im Vorfeld einige Organisation. Sie müssen das Thema auswählen und anschließend die Rums aussuchen und kaufen. Weiterhin benötigen Sie mindestens ein geeignetes Glas pro Teilnehmer. Sinnvoll wäre es auch, wenn Sie für jeden eine Pipette für die dosierte Zugabe von Wasser zur Verfügung stellen. Zusätzlich sollten Sie Wasser zum Verdünnen und zum Neutralisieren des Geschmacks bereitstellen. Ebenso sinnvoll ist Brot. Aber auch ein Imbiss oder Snack ist möglich.

Alles auf einen Blick – das Rum-Glossar

Amerikanische Weißeiche: Eine Eichensorte, die in Amerika heimisch ist. Die Verwendung von amerikanischer Weißeiche ist für die Reifung von Bourbon vorgeschrieben. Für die Reifung von Rum werden sowohl neue ungebrauchte Fässer aus amerikanischer Weißeiche als auch ehemalige Bourbon-Fässer verwendet.

AOC: AOC Ist die Abkürzung von „Appellation d'Origine Contrôlée" und steht für die französische Herkunftsbezeichnung.

Angels Share: Der bei der Lagerung verdunstende Anteil wird als Angels Share, also als der Anteil der Engel, bezeichnet.

Blenden: Das Verschneiden von Rum

Bourbon: amerikanischer Whisky aus mindestens 51 bis maximal 80 Prozent Mais. Muss immer in ungebrauchten stark ausgebrannten Fässern aus amerikanischer Eiche reifen.

Bulk: Der englische Begriff für Massenware. Wird im Zusammenhang mit Rum für Ware verwendet, die in großen Mengen verkauft wird.

Cask Strength: Steht für Fassstärke.

Column Still: säulenartige Brennanlage für einen kontinuierlichen Brennvorgang.

Ester: Stoffgruppe von chemischen Verbindungen, die auch im Rum vorkommen. Je mehr Ester die Rums haben, desto mehr Körper haben sie.

Ethanol: Der Alkohol mit 2 Kohlenstoffatomen. Wird allgemein als Alkohol bezeichnet.

Grappe blanche: Ein anderer Begriff für weißen Rum, der vor allem auf den französischsprachigen Inseln verwendet wird.

Fassstärke: Ein Rum in Fassstärke wird ohne Verdünnung mit Wasser in Flaschen abgefüllt.

First fill cask: Ein Fass, das zum ersten Mal mit Rum befüllt wird. Die Fässer wurden vor der Befüllung mit Rum für die Lagerung von anderen Spirituosen – meistens Bourbon – eingesetzt. Im Normalfall werden die Fässer dreimal für die Reifung von Rum verwendet. Siehe auch second fill und third fill.

Fuselalkohole: Alkohole mit mehr als 2 Kohlenstoffatomen. Die Fuselalkohole werden beim Destillieren abgetrennt. Sie sind schwerer als Ethanol und verdunsten deshalb erst später und sind im sogenannten Nachlauf enthalten. Fuselalkohole sind für den menschlichen Verzehr nicht geeignet.

Kühlfiltrierung: Verfahren zum Filtern von Ölen etc. aus dem Rum.

Limousin-Eiche: Ist eine großporige Eiche, die in den Wäldern um die französische Stadt Limoges wächst. Das Holz dieser Eichen ist für den Bau von Fässern sehr gut geeignet und diese Fässer werden insbesondere auch für die Reifung von Wein genutzt.

Master Blender: Die Person, die entscheidet welche Fässer zum endgültigen Rum verschnitten werden.

Melasse: Nebenprodukt der Zuckerproduktion – Ausgangsstoff für Rum traditionnel.

Methanol: Alkohol mit nur einem Kohlenstoffatom. Wird bei der Destillation mit dem sogenannten Vorlauf abgetrennt. Methanol sollte möglichst nicht getrunken werden.

Originalabfüllung: Abfüllung durch die Destillerie selbst, im Gegensatz zu einer Abfüllung durch unabhängige Abfüller.

Overproof Rum: Ein Overproof Rum hat mehr als 57,15 % Alkoholanteil.

Pot still: englischer Begriff für Brennblase.

Reflux: Der Anteil, der aus dem Dampf kondensiert und wieder in die Brennblase zurücktropft. Der Reflux beinhaltet die schwereren Bestandteile des Dampfes.

Rhum agricole: Rum aus frisch gepresstem Zuckerrohr. Rhume agricole wird vor allem in den ehemals französischen Kolonien produziert.

Sherry: Sherry ist ein Likörwein aus der Region Jerez in Spanien. Fässer in denen Sherry reifte, sind ideal für die Spirituosenreifung geeignet.

Second Fill: Die zweite Befüllung eines Fasses mit Rum.

Single Cask: Einzelfassabfüllung.

Solera-Prinzip: Der Name Solera kommt aus dem Spanischen und heißt übersetzt „am Boden liegend". Das Solera-Prinzip kommt aus Spanien und wird vor allem für die Lagerung von Sherry angewandt. Die Solera bezeichnet die unterste Fassreihe über der weitere Fassreihen aufgereiht sind. Dabei wird der Rum zur Abfüllung immer der untersten Reihe entnommen. Bei jeder Abfüllung werden circa 30 Prozent des Inhaltes entnommen. Die Reihe wird dann immer aus der darüber liegenden Reihe aufgefüllt. Dies passiert dann bis zur obersten Reihe. Diese wird mit frischem Rum aufgefüllt. Somit sind in den Fässern immer kleine Anteile von sehr alten Rums enthalten.

Tafia: Vorgänger von Rum.

Third Fill: Die dritte und meist letztmalige Befüllung eines Fasses mit Rum zur Reifung.

Trinkstärke: Alkoholgehalt zwischen 37,5 bis 43 Prozent Alkohol.

Unabhängige Abfüllungen: Abfüllungen durch andere als die Destille selbst, oft wird dabei auch der Brennereiname genannt.

Zuckerkulör: zugelassener Farbstoff zum Färben von Rum. Zuckerkulör ist geschmacks- und geruchslos.

NOTIZEN

Lust auf mehr Interessantes und Anregendes zu Ihren Lieblingsspirituosen?

Dann beachten Sie doch auch folgende Bücher:

Gänsmantel, A.

Das Little Black Book vom Single Malt Whisky

Scotland's Finest – Regionen, Destillerien & mehr

ca. 160 Seiten

ISBN: 978-3-527-50828-0

Springob, F.

Little Black Book der Obstbrände & Co.

Ein klares Lesevergnügen für hochprozentige Genüsse

ca. 160 Seiten

ISBN: 978-3-527-50837-2

Gänsmantel, A.

Das Little Black Book vom Whisky

Das kleine Handbuch über das Wasser des Lebens

144 Seiten mit 144 Abbildungen

ISBN: 978-3-527-50636-1

Gefällt Ihnen dieses kleine Buch?
Sie sind öfter auf der Suche
nach einem passenden Geschenk?
Wissen Sie, dass es noch mehr *Little Black Books* gibt?

Werfen Sie doch einen Blick auf unsere anderen „Kleinen Schwarzen" aus den Bereichen:

- *Essen und Trinken:* Wein, Tee, Schokolade, Kaffee, Cocktails, Kreative Sparköche, Martinis, Whisky, Sushi, Burger, Barbecue, Muffins, Pasta, Plätzchen, Salate & Dressings, Smoothies & Shakes, Suppen & Eintöpfe, Wok & Co., Single Malt Whisky, Obstbrände & Co.

- *Erotik und Partnerschaft:* Kamasutra, Sex, Sex-Geheimnisse, Küssen, Frauenverführung, Männerverführung, perfekte Hochzeit

- *Hobby und Freizeit:* Fußball, Picknick, die große Reise

- *Praktische Hilfe und mehr:* Babynamen, Weg nach oben, berühmte Gedankenspiele, Knigge, Träume, Internet- und Passwort-Organizer, kluge Worte, Glück, Schlagfertigkeit, Small Talk

Eine aktuelle Übersicht über die im Buchhandel erhältlichen *Little Black Books* finden Sie unter:
http://www.lbb.wiley-vch.de

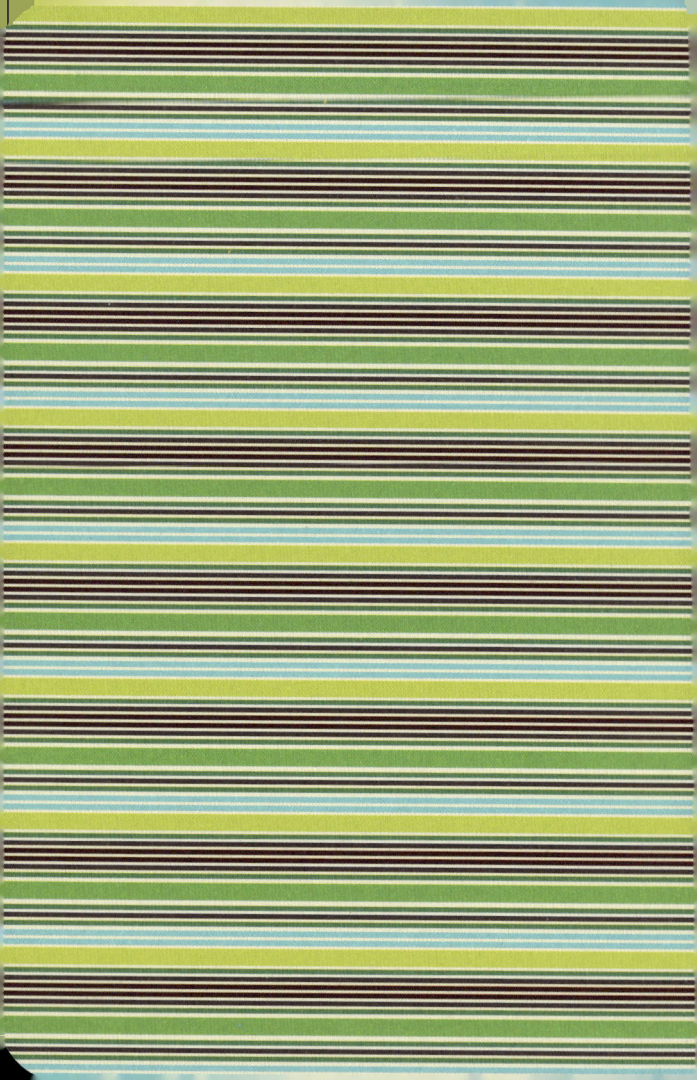